大是文化

假裝有趣

做個複雜世界的明白人。
多一分人情，
留一寸餘地。

投資銀行董事總經理、併購專家、
暢銷書作者
勞阿毛（勞志明）——著

CONTENTS

第五章　莫要加戲

第六章　家人的故事

各界推薦

這個世界並不完美，無論是錯誤的事還是不對的人，我們三不五時就會遭遇。然而透過閱讀，我們可以提早看見風險，學會如何保護自己，如何善良回應世界，並學會遠離危險。

在人與人的交往中，不是彼此互惠就是相互消耗。每個人的心中都打著自己的算盤，而那些願意多為他人著想的，正是我們應該珍惜的對象。

正如作者所說：「人生苦短，要盡可能與值得的人同行。」

這本書宛如一面透視人生祕密的鏡子，藉由作者的智慧，幫助我們避開許多彎路，讓人生走得更順暢。

——閱讀人社群主編／鄭俊德

「邀長輩出國，她說『太破費』，意思到底是想去還是不想去？」看到書中這話，我頓時大笑，這不就是我跟我媽經常上演的猜謎嗎？

作者勞阿毛，本名勞志明，目前擔任投資銀行董事總經理，是併購專家。工作之餘，最大樂趣就是在微博上發短文，他經常用輕鬆幽默的文筆，寫職場、寫人生、寫親情，被讀者戲稱「投資銀行大咖、金句連發」的段子手。

《假裝有趣》，一語道破人與人之間相處的眉角。

有些場合你得裝：例如，跟年長父母相處，不能實話實說，得說好聽話；面對長輩經常上演的「我聽隔壁阿姨說」，你如果貿然指正，保證吵翻天。這時只要假裝點頭認同，長輩開心，你也省心。

但有些場合就不能裝：遇到爛人爛事你得直話直說，像是不熟朋友的無理請託，要直接拒絕，才能避免後患。但換個角度想，對方為什麼敢麻煩你呢？他也「假裝」不知道這樣會造成你的困擾，而你竟然也信了。

想在複雜世界當個明白人，你得假裝有趣。

——大是文化總編輯／吳依瑋

第一章

人與人之間，
為何會起爭執？

01 長相再好看，個性嘰歪就醜陋

這個世界確實挺複雜，芸芸眾生都生活其中。我曾經談論過，人與人最大的差異是什麼？比如，男或女、身材是高或矮、身形是胖或瘦、貧窮或富有等。還有比這些來得更重大的差異嗎？

有，就是認知水準。那認知的差異主要體現在哪些方面？

首先，是能不能區分事實、觀點和立場；其次，是明辨利益和是非。最後，**面對問題時，是選擇情緒還是策略**。聽起來有點抽象，但其實也很簡單。不過能讀懂上述幾點的人，可能不超過半數，能夠做到的人則更少。

先分析何謂事實、觀點和立場。

舉個例子，某人想拜託別人，替自己的兒子介紹對象時，說：「這孩子的條件還可以，但就是工作太忙，沒時間找女朋友。你認識的優秀女孩比較多，說話也很有分量，希望你能幫忙撮合、多多美言。」這是個相親求助的要求，在當今社會非常常見。句子不長，似乎訊息量不多，但是值得思考的地方也不少。

首先，要分析什麼是事實。男孩沒有女朋友這是事實，但原因是工作忙碌，這一點就是觀點了。

很多人無法區分這兩者，會把觀點當作事實，甚至對外傳遞與為此背書，這大致就是多數不可靠消息的根源。所以，男孩找不到女朋友的原因還需要分析。比如，是不是條件太差、要求高，或者根本就不想找對象等。

那立場呢？家長希望對方多多美言，這其實就是立場，背後傳遞的訊息是，當事人也知道孩子條件不是很好，但希望能夠藉由媒人的信用背書和讚美以達成目的。所謂的「多多美言」，就是站在自己孩子姻緣的角度和立場的體現。

立場和觀點很像，但也有區別。立場是基於利益的傾向性觀點選擇。這麼說吧，**觀點是判斷，而立場是選擇。**

為什麼人與人之間會起爭執？就是因為混淆了事實、觀點和立場。有些人用自己的觀點，反駁別人說的事實；或是雙方堅持不同的觀點；也有人預設了立場，提前選邊站了。所以，很多爭論都是無效爭執，在不同層面的交鋒，除了互相謾罵對方以外，很難分出勝負。

*　*　*

再來是利益和是非。

有次，我參加某個論壇，當天抽獎活動的大獎是海外雙人旅遊。主持人公布獲獎姓名，經過片刻沉寂都無人認領。突然，某位女士揮手上臺，說了一些獲獎感言，說到動情處甚至幾近哽咽。

這時，有位男子從門口衝進來大喊：「剛才叫的是我的名字啊！我只是剛好去廁所了。妳是誰啊？」只見臺上那位女士翻了個白眼便回到座位上，若無其事的繼續與左右談笑風生，展示了良好的心理素質。

這件事讓我印象深刻。我當時在想，這位女士怎麼會決定自己過去冒名頂替呢？因為被揭穿的風險很高，而且海外雙人旅遊的利益也沒那麼大。

我跟別人談過此事，對方認為這也很正常，有棗沒棗打三竿[1]，至於被揭穿、丟臉等，對很多人而言，並不算什麼代價。

簡單來說，有些人就是不要臉，所以不能用要面子的邏輯來解讀，也就是眼裡只有利益，而不考慮是非。《論語》說的「君子喻於義，小人喻於利」，就是這個意思。

其實這也是人是否有固定價值觀的體現。有的人開車時在路口想插隊，就罵別人不讓自己；到了下個路口，卻抱怨別人怎麼這樣插隊，真是不守規矩。

僅僅過了幾百公尺，自己的觀點就轉了一百八十度。為什麼？道理也很簡單，就是腦子裡沒有是非，只有利益。

其實，這樣的人占大多數，可能包括正在閱讀本書的你，或許也包括我。

多數人都無法絕對尊重是非，而放棄利益，關鍵是看利益有多大。所以從這個角度而言，每個人的道德標準都是有價碼的。只是有些人價碼很高，可能上億元；有些人價碼很低，可能只值一盒香菸。簡單來說，有差異但也類似。

再來談談情緒和策略。

當遇到難以解決的問題時，多數人會先發脾氣後想辦法。當然，還有人會只發脾氣，卻想不到什麼辦法，也有人會理性的用策略來應對。其實，從這個角度來說，**人們生命品質的差異，取決於對情緒的掌控程度。**

人生，最大的特點就是要時時刻刻面對不確定性，生活中也會不停遭遇各種事件，比如，開車擦撞。

很多人會因此感到沮喪而跟對方爭吵，也感到懊悔、心疼自己的新車，然後痛恨自己為什麼這麼不小心、埋怨對方為什麼不禮讓一下，好像這件事是人生過不去的坎一樣。

但其實這件事很好解決。尤其在不涉及人員傷亡時，單純就是財產問題。大多數的車都能透過保險解決，甚至不會造成財產損失。不過就是把車送到修理廠，過幾天就可以恢復原樣。

我認為，這樣的事情是人生最小的問題了，因為結果可以承受，且能夠有完

1. 只有試過才有成功的可能。

美的解決方案。所以，不太理解為什麼會有那麼多情緒。

其實，人生中不可控的事，是生命的必修課，沒必要做無用功和發洩情緒，靜靜等待就可以了。所以，我非常不能理解班機延誤或需要轉降其他機場時，對著工作人員抱怨、問東問西的行為。

道理很簡單，他們無法決定事情的走向，而且也不該怪他們，天氣不好，純粹是機率問題，罵人除了顯現出自己無能以外，沒有任何意義。

用情緒面對問題簡單，用策略來解決問題長久，後者才是人作為高等動物的本質。更重要的是，無論長相有多好看，嘰嘰歪歪[2]的表情都是扭曲且醜陋的。

02 長輩說「不去」，是想去還是不想去？

我有個好兄弟，從小生活在長江流域，但娶了個來自吉林梅河口的老婆，因此總說跟我算是半個老鄉。有次，聊到東北的溝通文化和效率問題，他跟我說了個故事，我覺得挺有意思，也頗具代表性。

他聽說同事替自己父母報名了歐洲旅遊團，價格實在，時間安排也不錯。於是，回家就跟老婆說：「妳爸媽在老家沒什麼事，這輩子也沒去過國外，我安排他們出國玩吧！其實也不像想像中那麼貴。」

老婆回答：「這個主意挺不錯，不過這件事得由你開口。如果是我說，我爸媽會多心，認為是我在為難你，還得顧忌你的想法。假如你直接跟他們說，不但

2. 形容說話嘮叨或做事挑剔、存心刁難別人，使人討厭。

有面子，也不會有這個問題。」他想想覺得也有道理，於是就打電話給岳父、岳母。沒想到，電話裡他們兩人強烈反對，明確拒絕了這個提議。

原因大致是體恤女兒女婿賺錢辛苦，不只要還房貸和車貸，孫子還要補習，甚至目前考慮生第二胎，雖然旅遊團條件不錯，但是花錢也得花在正確的地方。

他們還說：「我們現在衣食無憂，已經很滿足了。特地跑去歐洲揮霍，這錢花得不值得，還不如買點柴米油鹽實在。要去，就你們年輕人去吧！」

聽了岳父、岳母的話，再加上對方言辭激烈到快要發火的程度，他決定恭敬不如從命，既然兩人不想去，也就不勉強。

過了一段時間後，他老婆提起這件事，問說：「你不是要安排我爸媽去國外玩嗎？這件事怎麼沒有下文了？」

「我跟妳爸媽說了，但是他們不願意。我想說，既然不太願意，那就算了。孝順孝順，應該以順為孝。」

老婆一聽就笑了，邊說道：「算了吧！別聽他們這樣說。最近，我媽打電話給我都會問，還叫我不要告訴你，怕觀感不好。他們是不好意思讓我們破費，其實還是很想去的。這輩子沒出過國，現在終於有機會，還可以跟鄰居、親戚炫耀一下，結果人家一推辭，你就順理成章的接受了。」

於是他再次拿起電話，把上次相同的話又說了一遍，但岳父、岳母也相當配合，又用相同的理由回絕，總之就是「不去」，理由也就兩個字：「浪費」。

我這個兄弟就有點困惑了，他說他那時候對區域文化帶來的溝通問題沒有太深理解，所以有點不知所措，也不知道岳父、岳母到底什麼意思。去或不去，簡單明瞭、直接一點多好，誰有這時間像這樣一來一回呀？他也不再提了。

結果他老婆反而生氣了，說：「你這個做女婿的，自己提出說要安排旅行，結果現在還不高興撂挑子[3]了？這件事不能就這樣算了，不然我爸媽會怎麼想呢？覺得你根本就沒想安排，卻故意裝大方？」

最後他老婆建議，採取生米煮成熟飯的策略，直接報名，並告訴兩個老人家無法退款，這樣應該行得通。

3. 原指挑夫放下扁擔，不挑東西，也不走了。後比喻因為鬧脾氣，而丟下應該負責的工作不管。

岳父、岳母這次埋怨了幾句，說年輕人就是太衝動，還是沒答應去。反而建議，既然不能退錢，那就先安排他自己的爸媽出國玩，下次再安排這邊。

他說報名是實名制的改不了，且歐洲自己父母都去過了，下次安排美國的時候再說。就這樣，兩老嘆了口氣，罵罵咧咧[4]的口氣中，總算答應了。

他們在老家為出國做了許多準備，辦護照和簽證外，還理髮、燙頭髮、買衣服等。除此之外，還逐一致電所有鄰居和親戚，大致就是表達兩點：一，最近兩個星期都別找他們，他們要出國去歐洲了，而且有時差也不方便（其實，親戚們這幾年都沒聯繫，確實不差這兩星期）；二，有什麼想買的東西，可以提前告訴他們，要是方便可以幫忙買……。

歐洲之行就這樣落實了，每天傳影片在歡聲笑語中度過、在朋友圈發照片，老太太戴著墨鏡，繫著五色紗巾，舉著自拍棒，頻頻出現在各種教堂和廣場上。確實幸福感還是挺強的。

兩人回到老家後，把照片洗出來給鄰居和親戚看。能想像那種場景，展示者幸福又興奮，圍觀者表情略帶羨慕但整體保持著平靜與克制……。

哥們兒也感覺挺高興的，於是打電話回去問，想聽聽感想如何。

結果，岳父卻說：「這個機會確實挺難得的，這輩子也沒出過國，讓你破費了。另外，國外就只是風景好，食物吃得不太習慣，有出過國長長見識就行了。兩個星期花了好幾萬，有點不值得，以後可別這樣了。」

他有點失望，沒聽出岳父有多高興，而且還因為花大錢略表達不滿。回家之後，他老婆卻說：「這已經是很高的評價了！昨天我打電話回去，他們還問說，下次安排親家去美國到底什麼時候？有沒有人數限制……。」

我聽完就笑了出來，說：「別說你了，我一個土生土長的東北人，有時候也搞不定這種事。我記得剛開始工作時，回老家過年給親戚紅包，也遇過猛烈的推讓和拉扯，搞得我體力不支，還有點不知所措，最後又無奈的把錢都收回來，第二年都有心理陰影了。幸好後來大家也與時俱進，不怎麼推辭了。哈哈哈！」

4. 說話中夾雜罵人的話。

03 人際成本的計算方式

俗話說：「張嘴三分利，不給也夠本。」還有一句話叫：「有棗沒棗打三竿。」這兩句話意思大致相同，就是有機會多嘗試，或許會有意外的驚喜。社會上常常會看到一些很「執著」和「勤奮」的人，總是不停的拿著竿子到處揮來揮去，為了理論上的幾顆棗子而努力。很多人認為，這些行為只有潛在受益，並沒有什麼成本，所以儘管嘗試準沒錯。

但仔細想想，真的沒有成本嗎？

曾有個朋友打電話給我，說他那有個不錯的併購案，認為某上市公司可能會有興趣。因為我認識董事長，所以希望我幫他推薦一下。如果後續能達成交易，可以讓我們公司增加併購項目，但我斷然拒絕了。

朋友聽到後有點詫異，並問我為什麼。我說：「這種處理方式，不是正規的交易方式。我有董事長的電話號碼，你可以自己聯繫，看他到底有沒有興趣，再考慮下一步。」

他不太理解我的做法，並回覆我：「沒有你在中間背書，這件事很難談成功的。要是我打通電話就能解決，還找你幹麼？另外，這也是潛在的業務機會啊！你為什麼要視而不見呢？」

「我們推薦給客戶，都有條件和標準。你想請我推薦，我希望能多了解你說的這家企業，包括企業到底有沒有價值、和對方匹配性好不好，以及預期的交易條件是否在合理的範圍。總之，要先有個前置的了解過程才行。」

「太麻煩了！這樣做是不是成本太高了？你打個電話，問一下客戶的意願，等客戶表明後再做這些，這樣不是更好嗎？你們做事，難道不考慮成本嗎？」

「當然要考慮成本，但對於成本的算法不同。你認為隨便打個電話沒有成本，但這個做法可能會傷害客戶對你的信任。這個耗損相比微小的交易成功機率而言，實在是太不值得了。」

「有這麼嚴重嗎？」

「我推薦一個標的，客戶會問這個標的如何、合規性或交易條件等。這些問題如果我都回答不出來，就會非常尷尬，會讓客戶覺得這個提議太隨意了。」

「你可以問我啊！再把資訊轉達給客戶。」

「那我不就只是傳遞訊息的人嗎？這樣價值就打折扣了。」

「那你不要跟客戶說實話啊！你就說已經徹底調查過了，沒有問題。」

我說：「這就更糟糕了。如果為自己無法掌控的事情提供了信用背書，後續大概也不會有好結果。等客戶發現事實不是我說的那樣，未來我再說些什麼，他都不會相信了。總之，**相較於業務機會，客戶對你的信任更為珍貴。**」

以上這個小故事，說明了一種成本的計算方式。很多人認為輕意嘗試，最多就是目的沒達成，這也沒什麼，但其實不是。

若某種請求被拒絕，對彼此是種不小的傷害。當你向某位朋友提出了超出關係的請求，比如，找不太熟的朋友借錢，不出意料的被拒絕了。其實背後的成本巨大到幾乎致命的地步，只不過你沒有用另外的公式計算出來。僅此而已！

04 不行春風，哪得秋雨？

某天，我在路上偶遇大學同學，這個女生和我同屆不同系。我們在某年放假回家的火車上認識，當時聊得挺開心。沒想到多年後，居然會在北京街頭偶遇。我認出了她，我胖了太多，但由於氣質還在，仔細辨認後，她認出了我。

簡單寒暄後，因為已近中午，便邀請她吃飯，她爽快的答應了。於是，就近選了家大連海鮮，痛痛快快吃了一頓。席間回憶了很多學生時代的往事，場面非常溫馨愉快。怎麼說呢，故人重逢，相談甚歡。

飯後交換了聯繫方式，就跟彼此道別，後續幾乎沒有聯繫。

後來我結婚，有了孩子。她知道後，給小孩買了個兒童餐椅，大概幾百元[5]。我說：「正準備要買，妳這個安排來得正好，代表全家感謝姑姑的禮物。」她哈哈大笑說，就是個小心意，不用客氣。

後來，她嫁人了，也有了小孩。我在網路上訂了個進口實木嬰兒床，精確價格我忘記了，大概兩、三千元，據說這個床比較環保無味。反正有來有往非常正常，另外，生孩子是喜事，也終於輪到我表示的機會，自然不能放過。其實，平時幾乎沒有聯繫，那次吃過海鮮後就沒有再見過面。

期間，我大概了解她的近況，她在北京現代汽車當銷售主管。用她的話來說，就是京城比較大的車販，還告訴我買車可以找她。她開玩笑說，我大概不會買現代，她的業務領域不符合我的投資銀行（簡稱投行）定位。我也點頭同意。

後來，一次偶然機會，我有客戶說年底要採購幾輛車，準備作為獎勵送給年度明星員工。等級就是看起來還算體面，但也不用特別豪華。

我就告訴客戶，我有個同學是現代汽車銷售，有可能會有優惠。當然，這也可以照顧一下她的生意。總之，在交易中創造雙贏挺好的，這是我的職業習慣。

客戶也同意了，便要了我同學的電話。

轉眼過去半年多，再次見到客戶時，客戶說車後來買了，我同學非常可靠。每輛車確實給了很大優惠，具體數字記不清了，反正是個令人驚訝的數字。而且服務還很周到，他非常滿意，也請我謝謝同學。

我打電話給同學表示感謝，並簡單詢問細節。同學說我的朋友自然要照顧，對方採購的幾輛車都完全按照出廠價格，她們管道沒有賺一分錢。

我很驚訝，我是希望能給她創造業績，沒有必要不賺錢。她卻說有銷售額也算業績，這不算什麼。我有點不好意思，早知道先叮囑一下就好了，完全可以按照市場規則來處理。但她說：「沒事，同學沒有那麼多客氣的。」

*　*　*

後來，這個客戶跟我關係還挺好的，雖然沒有業務往來，但是偶爾也會見面聊聊，聽我關於市場和政策的觀點。之後也介紹了簡單的業務，就是上市公司控

---

5. 大約是新臺幣數千元，全書人民幣兌新臺幣匯率，皆以臺灣銀行二〇二四年八月二十八日公告之均價四．四五三元為準。若無特別標示幣別者皆是指人民幣。

制權的變更。

他作為投資機構在收購人中占有股份，問我這個業務大概能收多少錢？我告訴他這個項目是小業務，通常也就八十到一百萬元。其實也沒什麼工作量，就是幫忙做點資訊披露，再出個格式核查意見。

客戶聽了也同意，還說合約要簽一百八十萬元。我無法理解，但客戶說他們作為投資機構有錢，一百八十萬元跟一百萬元沒有差別。我推辭不過，於是就答應了，內心充滿喜悅與感激，然後組織人開始進場，幾個人忙了整整兩個星期。

我向專案組講了前因後果，當然也是從與老同學那頓海鮮大餐開始。

我告訴他們「做好人會有回報」、「必須有付出和長線考慮」、「不行春風，哪得秋雨」什麼的。專案組的年輕人都聽得很入迷，頻頻點頭，表示跟著我混，有享不盡的榮華富貴，還能懂得很多人生大道理。總之就是幹勁十足。

結果後來因為股票異動失敗，我們白忙一場，也沒收到錢。

05 助人是好事，但別越界

有次，我和某個兄弟約好開車出去兜風。上車後發現他臉色嚴肅，我也沒有太在意，發動車子、繼續前行。他在車上打了幾通電話後，眉頭緊鎖、沉默不語，不停嘆長氣，似乎有什麼事發生，車內的氣氛安靜得有些尷尬。

我問他出了什麼事。

他說：「某個在老家與我關係不錯的朋友，他岳父突然生病了。病情好像挺嚴重的，還住進了加護病房。醫生說，搶救成功的機率不高。他岳父年紀不大，才六十幾歲，確實有點可惜，而且我朋友只是個普通的小職員，家境也一般，估計這件事對他也打擊不小。」

話說完，他又深深的嘆了口氣，沒有再多說話。

我大致聽懂了，卻也不知道該說什麼話來安慰他。我這個兄弟是個熱心腸的人，在他朋友間的人緣也不錯，我似乎能理解他，當然也有些意見保留。

「其實活到人生後半，與親戚、朋友告別是常見的事。人終究會離開，要理性面對。」我覺得我說得挺誠懇的，但我能感覺到，他並沒有因此得到寬慰。

「我對這類的事特別沒有抵抗力。昨天半夜收到這個消息，到現在還有點恍惚。」他跟朋友說，他會全力以赴、願意承擔任何代價協助，還幫忙聯繫了當地最好的醫生，甚至告訴朋友，他有多少錢，可以讓朋友隨時使用。

總之，列舉了很多仗義的舉動。身為他多年的朋友，我非常了解他的性格，也知道這些不只是做做樣子。

中午吃飯時，我告訴他，我不太認同他的做法。

「首先，你朋友的岳父病了，無關乎年齡大小，人生中類似的事情可不少。簡單來說，情義不等於情緒，保持理性很重要，就算是發生在自己身上也一樣。

「其次，**你可以提供幫助，但不可以越界**。搶救與否，或者採用什麼樣的方式，這是他們家人決定的事。每個家庭的狀況不同，能承受的代價也不同，就算最後老人不幸因病過世，但剩下的人還得繼續生活。

「最後，如果想幫忙解決問題，別拿大炮打蚊子。過度的義氣除了感動自己外，是沒有其他價值的。」

他沒說話，似乎有點被我的話刺痛，但還在聽。

「遇到這種事，只要安慰一下當事人，讓他冷靜處理，詢問具體的難處，比如，小孩是否有人照顧？自己在，就過去幫忙；不在，就安排人過去。另外，告訴朋友金錢方面若有困難，大家一起想辦法，別太擔心，然後再關注後續發展就好了。最後，要保持自己情緒正常，盡量別唉聲嘆氣、愁眉苦臉的。」

他眼珠轉了幾下，依舊沒說話。

06 不利局面的交涉

說起身為家長的焦慮，其實環境也很重要，在某個焦慮群體中，可能也需要不同的聲音。雖然很大機率會被淹沒，但也可能會意外的扳回一城。

我想起多年前，我女兒讀幼稚園時的一件往事。我女兒當時就讀的是北京師範大學的附屬幼稚園，據說是一所擁有百年歷史的公立幼稚園。

某天，聽到我老婆好像在家長群組裡聊什麼事，聽起來像家長們發起一些集體活動，各種聲音此起彼伏，甚至有些人慷慨激昂，也不知道到底發生了什麼。

一問才知道，原來是幼稚園班級老師因為工作突出，被調到其他幼稚園當副園長了，就是所謂「產房傳喜訊——升（生）了」。這位老師很優秀，深得孩子和家長的喜歡，突如其來的調整變動讓家長們很難接受。

群組裡討論的家長們七嘴八舌、言辭激烈，甚至有人提議推薦代表去找園長交涉，並寫了集體信，義正詞嚴的提出了請求。核心訴求就兩點：一，反對換老師；二，如果真的要換老師，學校必須保證新老師不低於之前的水準。

家長們推派代表，「磨刀霍霍」的準備找園長談判，看架勢就差拉條橫幅，絕食請願，感覺好像開啟維護權益的正義之旅。各種細節和應對方案都商量的妥妥的，核心理念就幾個字：為了孩子，決不妥協！

我想了想，跟我老婆說：「能加我進群組裡說幾句話嗎？」我如願以償進群後，開始小心翼翼的表達不同的觀點。

*　*　*

「這件事是不是應該這麼看：首先，公立幼稚園比較強勢，不太會受制於家長的想法，換個角度講，這應該也是大家當初選擇公立幼稚園的原因；

「其次，老師有自己的職業發展規畫，為了自己孩子的利益，阻礙人家升遷調動，確實也不妥，孩子是人，老師也是人啊；

「再者，家長的焦慮會傳遞給孩子。說不定換老師這件事，在孩子眼裡根本就不算什麼，就是換了個新面孔而已，明日太陽會照常升起；

「最後，就算對孩子有些負面影響，**面對不利局面也是人生的必修課**，換了老師就不能接受，還怎麼面對人生的波瀾和各種困苦呢？」

所以我建議大家放棄交涉，告訴孩子要感謝之前老師的付出，並歡迎新老師的到來。群組裡經過一段沉寂後，有幾位爸爸開始發聲，表示我說得很有道理，討論也開始變得理性，最終大部分家長同意了我的建議。

據說也有家長依然反對，有位大姐還執拗的認為我是園長派來的臥底！

07 為啥打牌後，輸贏數字總是對不上？

麻將牌局結束後，大家總會習慣性陳述一下輸贏，但多數時候輸贏是對不上的，而且，總是輸錢總數遠遠大於贏錢總數。所以，有個說法是，看熱鬧的是最大贏家。當然，這是個玩笑話。

為什麼會有這種情況發生呢？總有人說是記錯了，但其實不是。

通常是有人謊報了結果，也就是**贏錢的人會傾向於說自己贏得少，而輸錢的人則會習慣性誇大損失**。這是個挺有意思的現象。因為人們似乎都習慣吹牛，但這種情況跟吹牛的慣性正好相反。

多數人在股市上的表現則與打牌完全相反。當自己賺錢時，說自己簡直就是巴菲特（Warren Buffett），不僅喜歡談論自己投資技術有多麼高超，甚至總是想找兩個戰績不好的新股民，為他們指點一下才開心。

這些在牌局上和股市中表現截然相反的，也可能會是同一群人。

有人說，謊報賭博戰績可能是為了自我保護。比如，贏多了怕被要求請客，而輸多了可能可以獲得同情，說不定會得到救濟。

這種分析看似有道理，但我認為不是。很多人就算贏錢也不會請客，在不背負請客壓力的狀況下，依然會出現這種情況。

* * *

我認為，應該是有更深層次的心理原因，可能是要製造出有利於自我慰藉的局面，故意讓周圍環境對自己的客觀損益產生誤解，並讓自己從中感到愉悅。說起來有點拗口，以下簡單解釋：

比如，自己贏了一千元，卻說只贏了五百元。贏錢，本身就讓人高興，而向外界傳遞資訊打了折扣，這種表述方式和客觀結果的差別，會讓人更高興。

「今天運氣好，贏錢了！而且大家都以為我只贏了五百元，其實，我贏了一千元呢！」輸家也是差不多同樣的心態，邏輯完全相同。

總之，表述與客觀結果的差異，是人們用來讓自己內心感覺占便宜用的。無論結果是輸是贏，最終都不忘取悅一下自己。

其實，生活中有許多類似的現象。比如，有些年長者生病了，檢查結果還沒出來，就到處說自己得了癌症。甚至報告顯示是良性腫瘤，還堅持說是惡性。這不是詛咒自己，而是為了占這個預期差的便宜。

還記得學生時期的資優生嗎？每次都說自己要被當了，還找你哭訴，你跟他同病相憐、借酒澆愁。最後，考試結果公布，人家考了九十幾分。

而你呢？卻真的被當了！

08 世上很多事，別問有什麼用

寫微博近十年，整理幾句心得。其實，這有點無心插柳柳成蔭。最一開始就是在微博上發發牢騷，偶爾賣弄一些好玩的小笑話。但因為逐漸有人關注，大家也有了期待，微博就變成了舞臺，而我用心的表演，希望能帶給大家快樂。

在傳遞歡樂正能量和不矯情之間，花費了心思、用足了力氣。

曾經有人問我，寫微博是為了什麼？難道能賺錢，或是能帶來業績？

客觀來說，什麼也不為，只是為了高興。寫微博確實不賺錢，對事業也沒什麼太大幫助。似乎就是個習慣，飆網、逗貧[6]、耍機靈。當然，也都是用零碎時間，沒耽誤業務工作，畢竟拿公司薪水，還是得服務客戶。

世上很多事，別問有什麼用，也不要探求意義。**只要內心有訴求，無論是表達還是分享，或者單純的出於無聊，都挺好的。**

時間，只要開心和用心，怎麼都是過，浪費與否沒有絕對的評價標準。

仔細想想，人生的時間最終都是用來浪費的，只不過浪費方式各有千秋。無論怎樣也就是那麼幾十年，想被記入史書裡，估計是不可能了。就算能夠做到總被人念叨，在另一個世界也不怎麼安寧。

微博上的一詞一句，看似隨意，其實並不簡單。確切說，我是認真的不正經著。把每則發文都當作小小的作品，盡可能追求品質，有趣、有料、正能量總要占一條。其實沒有什麼比能給人帶來愉悅更有成就感了，與人樂才是其樂無窮。

做投行的對文字有潔癖，我不能接受自己寫的東西有錯別字。另外，在遣詞用句上也盡可能避免重複，類似、就像、好比、又如，各種排序盡可能講究，其實就是希望讀起來舒服。

從搞笑的效果而言，確實需要拿捏琢磨。包袱這東西挺奇怪，就好比撓癢癢，差點就感覺不過癮，過了又好像咯吱人笑，反而讓人不舒服。

6. 指閒聊。

所以，幽默並不輕鬆，是生活的沉重經過塗抹和稀釋後的呈現，展現的是對生活困苦與悲情的蔑視。

很多喜劇演員在平時都沉默靦腆，甚至憂鬱，我倒是打從內心能夠理解。經常有人說自己憂鬱，我最常見的反應是：你居然也憂鬱，有這個實力嗎？

除了搞笑之外，也有很多類似雞湯文的人生道理，聽起來貌似有用，實則無用。之所以叫雞湯，是因為裡面沒有雞肉。雞肉都到哪裡去了呢？都被做成了烤雞，在我外甥那裡賣呢！我認為人從出生那刻起，此生的認知能力和悟性就基本定型了，聽起來有點絕望，但客觀來說皆是如此。

雞湯文其實都是寫給自己的，是自己對生命的理解，也是對價值觀梳理和重建的過程。經過思考得出了結論就趕緊寫下來，擔心隨著瑣事逐漸淡忘。

當然，要是能夠引起共鳴、尋找到同行者那就更好了。所以，人與人之間的溝通，與其說彼此影響、攜手與共，還不如說是在篩選相同價值觀的人。道理說久了，就成為信仰了。簡而言之，**人無法改變，但可以發現**。

從另一個角度而言，自己確實是自媒體時代的受益者。去年做了某著名自媒體行銷企業的借殼上市[7]，雖然經歷波折和辛苦，但從未動搖。

當然，做這個專案是投行的職責所在，但其中還有個因素，就是總感覺自媒體這個行業離自己也很近。看到千萬個冠以「網紅」的自媒體創作者，也就看到了自己。說使命感有點太大，說親近感可能更客觀。

當然，知名度對業務拓展也會有幫助，很多人被我的文字愉悅過，也被我的各種吹牛炫耀洗禮過，也容易對我留下還不錯的印象。

這樣可以縮短由陌生到熟悉再到信任的過程，提高溝通的效率。當然也會招惹很多長得醜、不可靠的人，有得有失也沒什麼好抱怨。總之，知名度確實是個好東西，能夠帶來各種便利，但也需要警惕，知名度不能成為負擔和枷鎖。

或許，**人到中年，沉迷於網路也是種幸福**。

7. 指私人公司透過把資產注入另一間市值較低的已上市公司（空殼公司），得到該公司一定程度的控股權，利用其上市公司地位，使母公司得以上市。上市目的除了募集資金方便，亦有經營者著眼灌業績、炒作股價，以利賣股套現。

09 為什麼男人特愛吹牛？

吹牛，就是透過虛構或誇大的陳述來抬高自己，是成年男人很常見的行為。自我陳述、虛構誇大是行為，動機或者目的是抬高自己。這是吹牛的構成要素，有別於其他不實陳述，比如造謠和愚弄等。

人為什麼要吹牛？有些人說吹牛就是為了欺騙別人，但我認為這樣說不太準確，因為大部分的吹牛是容易分辨的，聽者不會相信，甚至多數人也都厭惡。

所以，吹牛最重要的作用應該是自嗨，就是取悅自己。要是經過嚴謹分析，或許吹牛也能導致多巴胺分泌，讓自己開心。

其實這也很好理解，因為多數人都是普通人，在這個社會上面對競爭，所以內心的自我認同和滿足也是生存所需，否則總是自我否定，會非常痛苦。

從這個角度而言，**吹牛應該是人類，尤其是雄性的剛性需求。**

另外，吹牛也可能在進化上具有意義，比如，對條件或者未來的誇大，會讓不具備實力的雄性增加繁衍的機會。這似乎可以解釋為什麼男人吹的牛比女人更多。是不是那些不會吹牛的人，最終都被淘汰了，因此吹牛的基因得以保存呢？

吹牛能夠使人獲利嗎？答案是肯定的。

首先，人的認知和識別能力存在差異。喜歡吹牛的人碰巧遇到了判斷力不強的人，或者吹牛技巧水準很高的人遇到一般人，透過吹牛形成的假象或者優勢，是有可能轉化成利益的。

這本質上是機率問題。另外，利益也有大小之分，大利益也許能接到大工程項目，賺大錢；小利益或許能混頓飯、一包菸，或跟陌生女孩交換聯絡方式等。

畢竟這個世界還是有著資訊不對稱，有些牛無論吹得多誇張，總有些人會被矇騙或者願意相信。簡單來說，假如向一百個人吹牛，其中有九十九個人不信，但沒關係，說不定還有一人會深信不疑。當吹牛自己擁有百萬身價，有人不信，或許也有人會認為你至少有三十萬元呢！

總之，從利益轉化角度，吹牛對於吹牛的人而言，是沒有成本的低機率獲益，這麼看似乎吹牛還是值得的，若不考慮信用耗損的話。

那麼，吹牛到底有沒有成本？有，而且成本非常大。尤其是拙劣的吹牛，即使能滿足自己的自嗨慾，但容易引發別人的厭惡，對人際關係也是傷害。

另外，習慣性吹牛以後，會對人際關係形成篩選機制。最後，喜歡吹牛的人都聚集起來把酒言歡，雖然場面挺熱鬧，但人際交往的效率不高。

簡單說，如果無法讓人相信或者預判，很多溝通和與他人的連接會變得沒有效率。所以，吹牛看起來像個習慣，本質上是不同人的底層演算法不同，不同的認知水準造就了不同的行為選擇。

每個人都認為自己在做最正確的事，但客觀效果卻大相徑庭。

最後，有無害的吹牛嗎？當然有。有時候我也會自問，所有對外應對客戶行銷的場合，能保證每句話都是客觀的嗎？肯定做不到。也就是說，沒有絕對不吹牛的人。人都是趨利的，都不是聖賢，有句話叫做水至清則無魚。

有些是出於善意動機。比如，打仗時、比賽前用來提振士氣，或者回老家跟父親聊天說自己多厲害，哄他開心。

這些儘管也是吹牛，但確實不完全出於自我愉悅，或者功利主義。這種吹牛體現的是善意手段和底襯，似乎也沒有那麼噁心。

還有熟人之間的娛樂，透過吹牛來彼此成就。像是，跟童年玩伴吃飯時，有人跟我說：「勞哥你做金融的，給我們吹吹唄！讓我們也見見世面。」我這時候就真不客氣了。此刻的吹牛就脫離了欺騙性的動機，變得純粹和溫和。

那吹牛有段位區別嗎？這個當然有。什麼叫高水準的吹牛？就是別人感覺不到。有人問我，那種非常優秀的人也吹牛嗎？當然！只不過技巧更好。

比如，在自身優勢的基礎上誇張，把與市長見面說成見省長；或者虛實結合、不那麼粗暴，只說專利申請有幾百個，但不說有什麼價值；還有在彼此不熟悉的領域發表觀點，類似區塊鏈的未來趨勢展望等。

當然，最高級的方法是藉由他人的嘴來吹牛，然後自己再謙虛的否認，讓群眾不敢不信。所以，最有技術含量的吹牛，其實是某種掩飾不住的謙虛。

一句話，**吹牛人人有，不露是高手。**

10 每個大人都曾是孩子，只不過他們忘記了

理想，之所以稱之為理想，就是在樹立的那時，還無法企及或實現。人生在世，時刻伴隨著理想和願望，永遠都有個盼頭。那個讓我們心懷快樂情緒的願望，始終會在我們面前，催我們奮進。

但是理想如果成為現實，我們就會有新的願望。或者，成為現實的理想，會迅速貶值，被我們忘記，很快就被拋到腦後。

其實，人之所以狹隘，就是因為永遠眼巴巴的追逐和憧憬，而無力享受眼下所能觸及的幸福、滿足與快樂。

記得上小學時開班會，老師請每個人陳述自己的理想。我那時候有兩大理想，在當時說出來感覺都相當遠大：坐一次飛機，看一次大海。

這兩個願望現在聽都太過簡單，但是對於剛能夠吃飽的農村小孩，幾乎是借

贍許下的心願。然而，後來居然實現了，一切很自然平靜。

做了投行工作以後，飛行的頻率都快趕上蒼蠅了。飛機上的時光總是令人厭煩，藍天白雲看久，也沒有什麼美感，旅程也沒那麼有趣。每每起飛時，內心的恐懼倒是挺真實的。大海呢？也見到了，差不多就是水。想起那句話：人不可貌相，而大海啊，老涼了……。

曾經的願望我還是時常會想起，但是與欣喜、快樂及滿足關聯不大。

我記得小時候成績還好，還有算命仙說未來我是讀書人。那時候的理想也很簡單、直接，就是希望中學畢業後還能繼續上學，而不是回家種田。

後來實現了高中夢，上的還是縣城重點學校，村裡用大喇叭廣播，村主任表示祝賀並且鼓勵。在喜悅的瞬間我想到，要是有一天能夠上大學，逃離農村，在城裡生活該有多好啊！多好啊！多好啊！這三個字在我腦海中不斷迴盪……。

再後來願望又實現了，而上了大學，理想也隨之改變。回到自己長大的地方，看到父親低矮陳舊的房子，想著要是能夠貢獻力量，讓家人不再辛苦、改善他們的生活條件就好了。可是，我才剛畢業，連養活自己都還很吃力呢！

幾年過去了，曾經希望的都成了現實，現實又成了歷史。生活不再拮据，一切都照著理想一步一步實現，終於脫貧了。然而，身體卻開始發福，臉越來越大、越來越圓。

小時候，鄰居住在城裡的親戚小女孩來玩，我感慨城裡女孩那麼白皙乾淨、衣服乾淨整潔，臉蛋沒有風吹得紅紅的痕跡，說話聲音甜美、舉止大方……從只能遠遠看著，到後來變得熟識，能一起快樂玩耍，開心的同時總有些小心翼翼的忐忑，等到開學分離了會想念很久，幻想自己將來的女朋友要是這樣就好了。

後來呢？也實現了。因為自己也生活在城市，環境相當，一切都那麼自然。城裡的女孩不再是唯一的標準，還想要個子高的、好看的、素質高的、性格好的、對自己好的……標準一下子上來了，快無可救藥了。

曾經的「假如……該多好啊」一旦成為了現實，新的假如就會出現，生命不息，願望不止。明白了原來上帝造人的時候，悄悄的把快樂的思緒放在了憧憬中，而不是對現實的品味中。

小時候讀俄國詩人普希金（Alexander Pushkin）的《漁夫和金魚的故事》[8]

時，非常討厭故事裡的老太太，總是一個願望實現後，又立刻許下另一個願望。但是現在想想，那可能是對人性最為透澈的展示。你、我、他，芸芸眾生，都是那個老太太。

我們對孩子也有很多要求，希望他們能夠不斷突破。《小王子》（*Le Petit Prince*）裡有句話：「每個大人都曾是孩子，只不過他們忘記了。」

當年，在村裡手拿彈弓到處遊蕩，或者夕陽西下時在河邊釣魚，似乎是人生最美好、最幸福的時光。

後來自己努力拚搏、學習、工作賺錢，但那種悠閒卻已成了奢侈。仔細想來，**很多唾手可得的事物，才是人生最終極的理想。**人生兜轉，確實挺繞的。

---

8. 俄國詩人普希金於一八三三年創作的童話詩，改編自《格林童話》中的《漁夫和他的妻子》（*Vom Fischer und seiner Frau*）。講述人性中貪婪、善良、仁慈的故事。

11 當你的善意被辜負

前幾天，我正休假在外地旅遊時，收到了關係不錯的哥們兒發來的訊息：「勞哥，方便嗎？有點閒事想跟你聊一下。」我說可以。

他打電話過來聊了一會兒，就是生意上的小事，與合作夥伴之間的不愉快，簡單的吐下槽，當然也有諸多的感慨。一句話，他感覺自己被辜負了。

我跟他認識多年，關係很好，他先前也或多或少和我聊過些自己的事。他在老家做了點小生意，屬於在當地實現了財務自由的人，喜歡喝酒、搖滾樂和戶外運動，為人仗義，人緣也相當不錯。

他在當地夜市有兩個攤位，交給他幾年前認識的朋友經營，這次矛盾也是因此而起。他們兩人是在踢球時認識的，對方年紀不大，在他眼裡就是個毛頭小孩，偶爾會一起吃串燒、喝酒等。

逐漸熟悉後發現，對方經濟狀況比較不好，在東北老家混不下去，於是跑來我朋友的老家尋找出路。

他老爸整天酗酒、賭博，不做正事，母親主要的工作是拾荒和家事服務。他沒有工作，只是偶爾做點零工混日子，房子和老婆更是想都不敢想。

總之，他的現狀充滿了掙扎，但似乎也無能為力，對未來也非常迷茫。用我朋友的話講，這孩子挺可憐的。

我能感受到，他是起了惻隱之心，後面的事情就比較順理成章了。

他把自己在夜市裡最核心地段的攤位交給他們母子倆經營。他先出錢裝修，並墊付了全部的本錢，每個月給他們兩人幾千元的薪水，又約定了利潤分成的方式，讓這對母子感動的說道：「您真是我家的恩人！」就差跪地磕頭了。

當他說起這件事時，自己眼裡還有淚花。我挺敬佩他這點的，內心充滿熱情與善意。當然，我內心也多少有點擔憂，但也不便多說。

他老家是北方著名的旅遊城市，夜市攤位處於黃金位置。這對母子確實幹勁十足，主要經營水果、冷飲、烤腸等。別小瞧這些不起眼的東西，生意可是越來越好。我哥們兒也挺開心的，直言「授人以魚，不如授人以漁」。

後來，乾脆好人做到底，借錢給對方，幫他付了房子首付，又替他介紹了對象。據說，嫁娶時的彩禮和給女方的首飾也是他出的。婚禮很體面、風光，主要是我哥們兒全程處理的，不知道還以為他是新郎的親哥。

等眾人離去，母子倆依舊滿嘴感恩之詞，說：「沒有大哥你提攜，我們算什麼啊！」他也喝醉了，拍了不少勾肩搭背、親臉頰的照片，感覺很自豪且欣慰。

這是個挺好的開局。

* * *

接下來的故事走向，在很多劇本裡都有寫過，並不意外，甚至有些俗套。攤位頭幾年經營得很不錯，就算近三年的特殊時期利潤有所下滑，但也不虧錢。

不過，今年恢復營運後，依然沒見明顯起色。用他全家的說法是，成本漲很多，但收入沒有明顯恢復。

我哥們兒做生意多年，自然能感覺到有點不對，但也沒多想。這些年，經營明細帳務都是這母子倆主動上報的，他從來沒有核驗過，也沒有這個精力，當然，最重要的還是對他們信任。用他自己的話講，不至於也沒必要。

後來，逐漸有各種不同管道的善意提醒，說這兩人在帳務處理上有問題，要他多留意。他也隱晦的提醒過他們，大致意思是：我這個人，對人不錯，但也眼裡不能揉沙子，人生的機會要自己把握好等。

對方每次都點頭說是是是，也不知道聽懂了沒有，但所報帳目反映出的經營狀況還是那樣。

時間久了，我哥們兒起了疑心，以外出為名離開數日，然後讓朋友去店裡用現金消費，想驗證一下申報數字是否準確。

結果，無論現金收入多少，申報數字都很少甚至為零，而且，從監視器畫面能看出，這件事他們全家都參與其中，從熟練和放肆程度來看，絕非是短期行為。收入端搞成這樣，採購端的問題也不會小。

要說不失望，那肯定是假的。

他說完大致情況後，輕嘆了口氣說，這事也不好與他人講，只好跟我吐槽，也想聽我的意見。我聽完笑了，說：「你來問我，就說明你已經有答案了。不過這次你情緒還挺平靜的。」他也笑了，說：「還好，都是跟勞哥你學的。」

我繼續安慰他，他也認真聽著。

「我對這結果並不感到意外，某種程度上，這差不多是必然的結果。其實，善意被辜負是正常的，這也是善意的代價。因為彼此立場不同，你認為你在幫他們，他們也認為自己在幫你，至少是相互成就的。

「另外，善意最好別附有回饋期待，為善欲人知不是真善，儘管這點不太容易做到。最重要的是，你被辜負了而不是你辜負了別人，你的成本可控，但對方的代價就太大了，可能已經好轉的人生會再次遇到轉折。

「說得直白點，你很輕鬆的向下相容，但他們承擔不起你的付出，彼此都是階段性緣分，就此翻篇即可。」

他明白了我的意思，但有點不太理解，為什麼對方不能誠實守信？這樣合作能更為長久不好嗎？很明顯是利益最大化的最佳選擇啊！

我說了個人觀點：「或許，不是他們不想這樣，而是他們的能力並不支持自己這樣做。過往經歷和所處的社會層次，決定了他們的能力邊界和認知極限，這些也決定了他們的行為選擇。

「我大概還原一下這個歷程。可能剛開始他們確實懷著感恩的心，堅持如實申報。某天收多少錢記不清了，於是就按照估算報了個數字。

「後來覺得差不多就可以，也懶得算那麼精確了。反正也沒想占什麼便宜，單純圖個方便。最後卻發現，就算少報點也沒事，於是就越來越偏離軌道，怎麼樣都沒有能力回歸正軌了。

「當然心存僥倖的同時，他們也會自我安慰，想著反正你有錢，也不差這點。房子都幫我買了，我們全家生活都挺艱辛的，就算占你點小便宜，也算成全你的善意，是吧？

「當然，我可能猜想得不準確，說不定他們也非常糾結與恐懼，擔心某天會被人發現，但似乎又無能為力。等到真的被發現時，後悔已經晚了。

「現在這個結果，不是完全必然，但會發生的機率也是很高。這件事其實特別有代表性，從人性角度，很多貪腐行為也非常類似。」

哥們兒還是有點感嘆，說：「這輩子怎麼就遇不到明事理的人呢？」

「其實道理也很簡單，本來這個世界上能區分利益與是非的人就不多。如果他們具備你說的素質和能力，你根本就沒有機會施展你的善意。另外，尊重他人命運，本身也是種善舉。當你感覺到委屈時，都是人生難得的修行機會。」

「這個世界上，像你這樣的人非常可貴，當然也是極少數，而絕大多數人都是不同程度的他啊！」我說。

第 二 章

接觸人萬千，友誼不過仨倆

01 友誼的標準

友情之所以珍貴，主要是基於主觀性。

這種人生中重要的外部關係，既不像愛情那樣需要用情慾維繫，也跟婚姻需要法律手續有所區別，更不像是親屬關係是基於血緣連結。正因為隨時可以淡化或放棄，才讓友誼這種關係的維繫更困難。

一個有爭議的老話題，就是男女之間是否有真正的友誼？我個人傾向於還是有的。關鍵在於如何界定「真正」的友誼。

友誼的本質是相互欣賞、尊重的緊密關係，而要排除任何的男女情慾因素，是很難界定的，而且也難以證明。

但我相信男人間那種友誼，放在特定男女之間也是有可能的。

此外，如何界定友誼呢？經常聽到有人交際很廣、朋友很多，友誼是不是等同於朋友呢？我認為，友誼應該是高於朋友的概念。

在現代社會中，朋友的標準實在太低了，基本上，只要不是敵人就算是朋友，但真正的友誼應該是有幾個特徵的。

並不是說友誼中不能有任何利益，但是友誼不能建立在利益之上。利益關係更多是商業層面的合作，而且基於利益的友誼關係非常不穩固，會因為利益無法實現而指責彼此。其實，這時往往不是對友誼失望，而是對利益失望。

從這個角度而言，友誼包括了欣賞、尊重、默契和寬容的特點。

另外，友誼似乎也不用特別聯繫，它發生在兩個平等、獨立的主體之間，且沒有時效性，就算有多長時間沒有聯絡，也不會變成陌生人。

衡量友誼有個很好的方式，就是兩人是否能夠共享沉默而不尷尬、不需要寒暄也不用打破沉默，甚至都不需要另外尋找開心的事情來做。

友誼需要彼此尊重，這點很重要。尊重，既包括真誠、信任，也包括能夠彼此成就，而不僅是相互客氣給面子。

比如，不能做利己但損人的事情。要麼能夠做到雙贏，要麼能夠做到一定限度的付出以成就對方，但這種也是自己心甘情願，而不是尋求直接交換。坦誠相待也是必須。對於朋友的請求，無論答應或拒絕都該乾脆直接，不用顧慮太多。當你認為成全別人就該委屈自己時，已經超越了友誼的層面了。

友誼還有個至高的標準，那就是無條件信任，很多友誼達不到這個標準，最終會導致絕交。絕交一般不會發生在普通朋友，而是在非常要好的朋友之間，所以結果往往很慘烈。

君子絕交不出惡語，只離開而沒有恩怨的碎碎念，是人品絕佳的特徵。

從這幾個特點來說，真正的友誼時效都不短，**沒有老朋友的人是有問題的**，代表這個人需要借助資訊不對等，才能維繫周圍關係。但因為友誼的標準很高，所以也很稀少，人生中多數的朋友走著走著就散了，這些都再正常不過。

人們一生中接觸到的人萬萬千，成為朋友的或許過百，而能稱作友誼的不過仨倆。

02 人生中的四種「失去」

人生在世，脫離不了得失，而且很多痛苦也都跟得失有關。

通常，人似乎更喜歡得到，而不喜歡失去。比如，得到生命、健康、財富或是他人的愛與認可。廣為人知的馬斯洛需求層次理論（Maslow's hierarchy of needs）[1]就是在說人對「得到」的訴求。

多數人為了有所得而畢生追求，但對於失去，卻考慮的不多。

其實，跟獲得相比，失去更是人生常態。仔細想想，人這輩子好像也沒有什麼是自己能真正擁有的，也就是說，**得到是暫時的，但失去是永恆的**。財富終究會離我們而去，健康也必定無法持續，直到最終失去我們寶貴的生命。或許，對失去有所思考，才能對得到有更透澈的認知。

曾經有客戶帶我參觀他的商場，介紹時言語間滿是自豪。我對這麼大的商場歸他所有而心存豔羨，但突然間又感覺到莫名詫異，甚至不太真實。

這座商場屬於他，不屬於我，但這個會導致什麼不同呢？比如，他可以過來連逛帶看，但我也可以。或許他可以隨意拿走商品，而我必須為之付錢，但在有能力支付的前提下，最終兩人都有衣服穿。

有人說還是不同，他可以把商場賣掉換來好多錢，再買很多東西，但你不行。不過仔細想想，這又能代表什麼呢？他也不會每天身上穿一百件衣服。說實話，這種想法並非出於嫉妒，而是基於思考，似乎很難找到合理的答案。

或許，人活著對物質的需求並不大，但現代人對物質的追求有著高標準，卻沒有盡頭。開的車越來越豪華，卻努力跑步鍛鍊身體；飲食越來越精緻，但肥胖引發的疾病也越來越多。

1. 美國心理學家亞伯拉罕．馬斯洛（Abraham Maslow）在一九四三年提出的心理學觀點。將人的行為動機歸納為五種，由低層次到高層次分別是生理、安全、愛與歸屬、尊重、自我實現，滿足初階需求會進展到高階需求。

或許，在滿足基本生存後，對物質的追求更多是非理性愉悅，已經脫離了物質本身的作用。看來「得到」在滿足溫飽的基礎上，給人更多是精神愉悅。那麼，失去是否必定帶來痛苦呢？

有一種失去，叫做遺失。舉個例子，假如你的筆記型電腦忘在飛機上，回到家才發現，你會怎麼處理？非常焦慮的打電話到機場服務臺嗎？

如果對方說沒有撿到類似物品呢？會不會每隔半個小時就打電話確認？最後找到了，是否會立刻趕到機場，然後謝天謝地，感覺心裡踏實了？

其實，遺失物品這件事最重要的不是尋找，而是弄丟後的心態控制，簡單歸納就是能找回來沒必要著急，找不回來著急也沒用，並且要理性看待積極尋找對結果的作用。比如剛剛提到的例子，電腦忘在飛機上，最終能否找回取決於空服員的行為。一般來說，電腦體積不小，比較顯眼，且失主不會輕易放棄尋找。所以，基於以上分析，判斷空服員是否會偷偷藏起來更有意義。

另外，也要衡量最極端的後果自己是否能承受。如果平時習慣備份檔案，最糟糕的狀況就是損失幾千元而已，就更不用著急了。只要抽空打電話到失物招領處確認，下次出差，經過機場時再去拿就好。

其實，從電腦掉在飛機上那刻起，能否失而復得就已經是定局了。跟自己的情緒、是否積極尋找的關聯其實不大。控制好心態和情緒尤為重要，用相對豁達的思維進行理性止損。當然，對於急性子的人，這種反應估計會把他氣死，挨揍都絕對不冤枉。

＊　　＊　　＊

還有種失去，叫做錯過。嚴格來說，錯過並不算失去，因為先前從未擁有。但奇怪的是，錯過往往帶給人遠大於失去的痛苦。

這點在股市裡很明顯，似乎相對於止損，錯過進場時機更讓人痛苦。這好像很難從心理學或行為經濟學上找到理性的答案，只能猜測是人類生存的本能。

比如，遠古時代人類打獵，錯過的遺憾會讓人更積極進取，而損失的前提肯定是物質相對多餘。總之，對未得到的欲求不滿和對得到的不夠珍惜，應該也算是人類與生俱來的本能。

錯過會帶來痛苦的另外一個原因，是人們會認為很多事情發生具有偶然性，並且有各種假如和對不同結果的猜測。其實，哲學上有個理論，大概意思是說：凡是偶然，也是必然的，已發生的事就是必然發生的。

所以才有句俗語叫「得之，我幸；不得，我命[2]」。人生沒有假如，遺憾和後悔是最沒用的情緒，除了讓你心情煩悶外，只會帶來最大的副作用——糾結。

更有種失去，叫做捨棄。生活中最常見的捨棄就是扔東西。相對於其他的失去而言，比較沒有那麼痛苦，因為這主要是基於個人主觀意願做的決定。

人差不多可以分成兩種，喜歡扔東西的人和不喜歡的人。當然，兩方各有各的想法，也很可能相互瞧不起，要麼視對方為敗家子，要麼視對方為吝嗇鬼。

其實，扔東西這件事反映的是人對物質的控制慾，以及對使用價值的取捨。

有人對物質有極端的控制慾，儘管很多東西沒有用，依然不捨得丟。那是種本能的非理性痛苦，甚至遠大於物品無法使用所帶來的不方便。對於這類人而言，最痛苦的事情就是搬家，不是因為覺得麻煩，而是必須面臨的取捨挑戰，才最讓他們恐懼。

痛快扔東西的生活方式，可以讓生活變得輕鬆。儘管可能背著浪費的罵名，但是仔細想，要怎麼界定浪費呢？我認為，違背自己的意志生活才是最大的浪費。寧可扔錯了東西，將來再做補救，也不能為了理論上的可能而堆砌。

人生，本來就是失去的過程，與其被動失去，還不如主動割捨比較痛快。

* * *

最後，有種失去，叫做贈與。贈與就是送東西給別人，這件事說起來既簡單又複雜。贈予導致失去，但其實本質上是種交換。

首先，送人東西通常是有動機的，俗話說：「贈人玫瑰，手有餘香。」說明贈與行為也是利己的。

---

2. 出自徐志摩，指凡事不執著、不強求。

但是，受利己驅動的贈與也有區別，有些人為別人付出是以回饋為目的，比如，他人的感謝或回報，即以利他的方式實現利己；也有人為別人付出不求回報，認為幫助他人這個行為本身已足夠美好。

顯然，後者更為幸福，因為主動權在自己手中，獲得滿足的確定性更高。

有些人會送別人自己不要的東西，有些人則送別人自己喜歡的東西，前者無法理解後者，後者也無法接受前者。

有人說，拿自己不用的東西送人，每個人都會很大方，但其實有些人是即使自己不用，也不會送人。這主要是基於對物的控制慾，怕自己某天會用到而懊悔，也是基於狹隘，會因為別人得到贈與而嫉妒對方。

很多時候，我們會習慣於自己認為重要的事物，但從其他角度思考，會發現答案會有不同。

人生的精彩之處在於，無論我們活了多久，都只是階段，而非永恆。得與失或許就是對生命終極意義的思考。我們被霧霾遮住了雙眼，看不到滿天繁星，也習慣了帶著焦慮，忙碌的隨波逐流，而忽略了內心的安寧。

03 弱者思維

當人們缺乏某種條件時，就會無限放大這個條件帶來的作用。比如，經濟狀況不好的人，會放大財富的作用，並把自己人生中所有不如意都歸咎於貧窮。再暗自想著，要是我有錢，這些就不是問題，好像有錢就無所不能一樣。

但如果條件真的改善，就會發現事實並非如此，人生依然有許多無奈。

類似的情況還有很多，所以常常會聽見許多假設性問題，這些問題都透露著條件匱乏帶來的迷思。比如，經常有人問我：「像我這樣沒有背景的人，在投行這個行業，有可能做出成績嗎？」

這個問題其實不好回答，顯然，成績取決於諸多因素，但會提出像這樣的問題，這個人大概做不出什麼成果。

我會這樣想，不是因為對方沒有背景，是因為從背景和成果的關聯性層面，反映出他對這個世界的認知有誤。簡單來說，**影響他的不是背景，而是思維**。

網路上有很多奇怪的言論，訴說對這個世界的誇張推測。比如，當有人取得了一些成就，網友們就會開始挖掘他的背景，像是這個人的岳父事業有成、他老婆如何如何，或是過去他有個同學怎麼大力幫他。

當然，成就他的眾多因素中可能包含以上這些。但很多時候事情的成因都很複雜，有背景因素、個人能力，也有時代趨勢的饋贈，甚至是因為運氣很好。並不是這些觀點沒有道理，但這些觀點也透露出什麼呢？就是，人們習慣替「他人比自己優秀」找理由，並為自己的平庸和不如意找藉口。

「他發展好是因為他有背景，我並沒有，所以我才沒辦法像他一樣。」塑造出社會不公的假象，感嘆自己懷才不遇；認為人生就是這麼不公平，所以自己只能發出嘆息。

我認為，這些都是弱者思維，除了能夠安慰自己以外，沒有任何積極意義。關鍵是，這些想法從邏輯角度並不矛盾，但通常會遠離客觀事實。因為這些都是觀點，而且是很容易形成的觀點，會阻礙人們對世界的認知。

說得直白一點，這些觀點雖然可以麻醉你的心情，但會讓你越來越愚蠢。

我曾經問過一位醫生朋友：「如果手術前，病人沒有給你紅包，你會不會故意讓手術失敗？」他略不耐煩的反問了我：「要是你是我，你會這樣嗎？」

我告訴他當然不會，於是他說：「那憑什麼我就會這樣做呢？」

「可能你職業操守高，但是不可能所有醫生都這樣。」

「這個觀點明顯就是沒有醫學常識的人臆想出來的，」他苦笑說：「首先，手術失敗對醫生有什麼好處？等著被追究、被家屬告，還是自己會覺得很爽？其次，多數醫生在進入手術室後，只會把精力聚焦在手術本身，沒時間考慮紅包這類的事。最後，最重要的是，你以為故意讓手術失敗那麼容易嗎？那比正常做手術難多了好嗎？」

想想也挺有道理的。

04 我們對他人的理解，都跳不出自己的局限

每個人所處環境不同，溝通的語境差異會非常大。比如，我經常接觸外商投資銀行從業者或是律師，對方經常會使用許多英文單字。

我可以理解，這是他們比較「偷懶」的溝通方式，但說實話，很多詞我幾乎都不知道是什麼意思，有時候還不能追問，只能默默點頭，好像聽懂了一樣。

有時候，人與人之間的溝通壁壘是非常高的。比如，參加國中同學的聚會時，假如與會者基本上都不是從事金融相關行業的人，那你就不能說ＩＰＯ（首次公開募股）這種專業用語，因為幾乎沒有人知道那是什麼意思。

也不要講工作的內容，因為無論講得有多簡單，都很難讓人理解。畢竟隔行如隔山，尤其對金融行業而言，很多工作日常描述起來特別像吹牛，所以跨領域尋求共鳴，幾乎是不可能的。

其實我也曾經很不能理解，甚至會因此懷疑他人的誠意。

比如，偶爾會有客戶推薦自己認識的年輕人來實習，每次都說這孩子有多優秀、從小看到大、品學兼優、九八五[3]高材生等。但我往往會發現這些實習生不只做事品質差、反應慢、悟性低，智商、情商都低於一般水準。

我想，推薦實習又沒什麼，幹麼騙我？拿我當傻子嗎？

後來發現並不是這樣，因為客戶再見面時，都會跟我求證，說道：「勞總，這孩子不錯吧！我推薦的人肯定差不了。」我也只能禮貌性的點頭。

＊　＊　＊

類似情況發生過幾次後，我就開始反思。我想應該是這樣的：客戶認為這孩

3. 指九八五工程。該教育計畫共有三十九所大學，各方面都位居中國大學的領先地位，並保持著一流水準，可說是中國的頂尖名校。

子是他身邊十幾個孩子中的佼佼者，但是通常企業對實習生的甄選相當嚴格，我們已經習慣了名校出身的天才、學霸，會認為年輕人就應該是這個樣子。

一句話總結，**我們認為普通的，其實可能並不普通。**

剛入行時，這種認知差異也會在業務拓展時出現。比如，曾經在會議上針對專案執行的方案、條件和時間表都詳細說明。客戶聽了連連點頭，說非常清晰、有邏輯，我們完全理解，你們確實專業。

但是實際執行後，就會發現客戶還是沒什麼概念，客觀而言就是沒完全聽懂，還會反反覆覆的溝通，而且幾乎每次開會，討論的內容都差不多。

我便開始疑惑客戶的理解能力，後來和對方熟了，也溝通過類似的事情。他說：「這個世界上，多數人溝通效率都沒有這麼好，而且，在專業領域上也別指望門外漢能一點就通。我要是能那麼快就學會，你們還能靠這個吃飯嗎？

「另外，在短時間之內做有邏輯的全面溝通，不是多數人的習慣和能力。不要覺得詫異，你們才是另類的少數好嗎？」

想想也有道理。

學生時代，我曾經替成績比較不好的同學講解過數學。我說：「這麼簡單的題目，怎麼可能不會呢？解題方法一看就明白了啊！」對方沉默不語。

於是我分步驟講解，但看到他眼裡還是一片茫然。我感覺有點無奈，最後他拿著課本離開了，說實在受不了我對他的羞辱。其實，他的感受和我的感受可能都是客觀存在的，包括彼此無法相互理解也是。

所以，**每個人對他人的理解，都跳不出自己的局限**。從這個角度而言，理解和認同是這個世界上最大的奢侈。

05 不過度計較得失

我在工作中習慣，即使是面對初次見面的客戶，對於他提出的各種疑惑，我也會盡我所能的給出建議。

比如，這個併購交易到底該不該做？該基於怎麼樣的決策邏輯？若是必須做，應該從哪些角度考慮？目前的方案到底可不可行，以及是否最優？

怎麼說呢？基本上就是初見面就掏心掏肺。

當然，也有人不太贊同我的做法，覺得如果在還沒有簽約時，就把操作細節和方案都毫無保留的全盤托出，這樣為什麼還要花錢聘用你呢？

所以，最理性的方式是說一半、留一半。說的這一半，主要用來彰顯專業，起到「勾引」的作用，而留的這一半要是客戶想知道呢？對不起，你得買單。

我說，大哥你挺厲害的啊！把我說得像個風塵女子似的。

不可否認，他說的有些道理，但我確實不贊同他的觀點。

我認為，從客戶行銷的角度而言，願意毫不保留的說明，比有所保留更容易讓客戶買單。畢竟投行業務比較專業且複雜，絕對不是簡單幾句怎麼做，客戶就能學會，不需要我了。

話又說回來，假如我告訴你怎麼做，你就會做，而且可以完全拋開我，那只能證明，我提供的專業服務沒有什麼價值。

也有人問我，有沒有客戶自認為完全聽懂後，就不願意再多花錢，決定自己操作的？這種情況有發生過，但確實是極少數。主要原因是，很少有案子就差這層窗戶紙的。從邏輯而言，有保留的溝通其實並不理性，不能為了那極端的一％，而讓九九％的溝通行銷效果不好，這帳還是挺好算的。

當然，也有為了貪圖便宜，就拿著我們提供的方案，自行找小券商操作的人。這種情況也很難避免，但這個做法贏得客戶的認可和高評價的機率更大。

一句話，要看大方向，不過度計較局部得失。

其實，生活中有很多類似事件。比如，曾經有同業人士邀請我去講課，邀請方挺有顧忌的問我願不願意，我爽快答應說沒問題的。

也有人會說，替競爭對手講解業務操作技巧，你瘋了嗎？但其實無所謂，講課這東西與其說是解惑，不如說是行銷。

無論我怎麼講，對方也沒有那麼容易學會，說不定還能趁機挖牆腳，讓幾個併購核心業務人員投奔過來我們公司呢！舉個例子，《勞阿毛說併購》[4]已經賣了將近五萬本，難道看過的人都學會了嗎？

其實，無論是工作上還是生活中，得失與否，有時候很難說清楚，常規的邏輯判斷也未必有效，而且容易形成誤解。

我在網路上，看到某個小說作者面對自己作品銷量不好，認為自己寫作品質還可以，但是別人都不懂欣賞。要是做適當劇透，又擔心消費者知道了大概內容，就喪失了購買小說的欲望，內心各種糾結。

我的觀點完全相反。應該是在網路上看到某篇小說感覺確實不錯，就經常跟朋友推薦，最後大家都知道有這本書，讀者翹首以盼等紙本書出版。

所有銷售的前提都是欲望，多數欲望的前提是了解，而不是神祕，除非你是余華[5]。另外，就算看過了全文電子書，多數人也記不住，就算記住了也不影響讀者去買紙本書。就算買了一本給自己，也不影響再買一本送給別人。

簡單來說，千萬不要高估自己在別人心中的地位，也別低估網路群眾遺忘的速度。我常常遇見有人說很喜歡我，說對我參與的綜藝節目《令人心動的offer》印象深刻……我聽到以後都會微笑道謝，懶得去糾正節目名字[6]。

不過，也有人說聽我講過三次課，每次都笑到不行。我略帶尷尬的問，很多段子都差不多，你聽好幾遍，不覺得煩嗎？他說不，每次聽了感覺都不同，不知不覺間還昇華了呢！

---

4. 作者的前一本著作。
5. 中國著名作家，代表作品有《許三觀賣血記》、《活著》等，這兩部著作曾同時入選百位批評家和文學編輯評選的「九〇年代最有影響的十部作品」。
6. 作者參與的綜藝節目應是《閃閃發光的你．投行季》，並於節目中擔任導師，是江蘇衛視於二〇二二年製作，聚焦投資行業的青春職場觀察真人秀節目。

06 好人非常難做

客戶或朋友在做相對重要的決定時，偶爾會跑過來徵求我的意見。有些與生活相關，像是工作調整、子女上學或者婚姻等。當然，也有些類似創業投資或者重大專案的決策。我認為，這些人選擇來與我討論，也算對我的信任，無論這種信任是基於我的判斷還是我的立場和動機。

總之，我都認為這對我是種肯定，也熱心參與。

很多時候，人生中的煩惱其實是無解的，絕大多數可能就是為了傾訴一下。所以，這種情況相對比較簡單，自己的功用更像個樹洞。

當然，很多時候，人的困惑並非來自於認知，而是能力或者條件欠缺。比如，想買房子但沒錢，或是自己孩子的成績很差，為此很苦惱。這些都是沒有解決辦法的，除非給予行為上的實質幫助，單純的話語建議會顯得非常空洞。

有時，還真的有為了重要事件來找我商量的人，而這些問題又正好在我的專業領域範圍內。這種時候，就會讓我非常糾結，尤其是求助者的諮詢本身就帶有對答案傾向的訴求，內心希望我能夠再「加強」他的判斷。假如我內心持偏否定的意見，這時候就面臨著很大的困境，總感覺有些進退兩難。

當自己真的有解決問題的價值時，到底該如何面對呢？

在這種情況下，我通常都會問自己幾個問題。比如，對於自己的判斷是否有足夠的信心？對方接受建議，而調整決策的可能性大嗎？假設對方改變了主意，會不會因為後續沒有機會驗證結果而持續心有不甘？最後，對方不聽勸說最終失敗了，也客觀驗證我的判斷正確，這是否有正向意義？

簡而言之，你要選擇善意輸出還是免責？

其實人都要為自己的人生負責任，多數時候旁人意見很難左右大局。這個困境確實不好處理，要是不坦誠表達就有愧於別人的信任，但說出心裡話也沒什麼用。因為對自己有所要求，同時也對他人心存善念，情況才變得比較複雜。

這個世界有個規律，就是好人非常難做。西方也有類似的諺語，叫做：「通往地獄的路，是由善意鋪成的[7]。」我們明知好人難做，卻很難放棄做個好人，所以我面對類似情形時，還是會給出相對真誠的建議。

比如，客觀分析利弊，並給出明確的傾向性觀點，同時表達尊重對方決定，不過度遊說。並且明確指出致命風險，提醒極端後果對方能否承受。另外，若堅持要做，後續遇到困難，希望對方能提出來，自己願意共同面對和解決。

有人說，那話都給你說就好了啊？其實不是，遵從自己的內心和對他人的善意，同時又能做到被人理解和認可，確實是種奢求。

當然，我希望他們聽從我客觀的分析，放棄或者改變自己的想法，但確實非常難。對多數人而言，只要還沒撞到南牆[8]，總會認為有機會。所以，我對自己的分析能改變對方這件事，確實不抱太多期望。

我這樣表達的結果，大部分都是對方繼續堅持自己的想法，或者會找更多人諮詢，最後選擇性接受那些自己內心傾向的答案。最好的結果當然是進展順利，證明我當初的疑慮是多餘的，而對方會慶幸沒有被我阻攔。但後續發展如果很困難，他肯定會很鬱悶，要麼感覺是我烏鴉嘴，要麼懊惱於自己的誤判。

總之，關鍵時刻提不同意見，不論能力高下、動機是否良善，註定沒有好結果。可能以後和很多人都不太好當朋友，包括客戶也是如此，大概從此要相忘於江湖。所以，能理解為什麼醫患關係通常都很緊張，原理大概也是如此。

有人問，就沒有那種人，他後續進展不順利時想起你的諄諄教誨，反而非常認可你的善意和判斷，非常後悔沒有聽取建議，往後把你視為人生的明燈嗎？

可以說，幾乎沒有這種人。就算他真的後悔到不行也不會感謝你，而是會埋怨你為什麼沒有拚命阻攔他。因為有這種能力的人，往往自身的判斷力很強，基本上不會來徵求我的意見。

所以，**善意有價值，但回報率不高，這也是它的珍貴之處。**

---

7. 出自英國經濟學家、政治思想家弗雷德里希．海耶克（Friedrich August von Hayek）。原文：The road to hell is paved with good intentions。

8. 中國古代房屋一般坐北朝南，從大門進去後還會有一堵牆，就稱作南牆。從正門向外走時，必須避開南牆，否則會直接撞上。

07 借錢、還錢、分錢的藝術

每個人在生活中都需要面對錢和處理錢。但老實說，關於錢的事要處理好，非常不容易。因為謀求利益是人的本性，處理與錢相關的事宜是人生中的高級技能。這背後是錢之外的因素在發揮作用。

關於錢的事，要簡單來說也簡單，無外乎是賺錢、花錢和錢的往來。所以，與錢相關的事大體可以歸納為怎麼賺錢、如何消費和基於錢的人際關係處理等，而這幾件事隨便提出一點，都足以形成一篇社會學領域的博士論文。

先說跟錢有關的人際關係，這點非常重要，也足以體現出人的價值觀和認知水準。在所有人際關係中，與錢相關的都最為直接。沒有人不在乎錢，所以錢就成為能力和觀念的試金石。常說酒桌、賭桌見人心，其實人心在錢的面前體現得更淋漓盡致。

再談借錢。**借錢的核心，是如何借、如何還**。借錢的行為載體是錢，但重要的在借與還的過程中，對自身信用的影響，以及對別人的尊重和善意。

所以，借錢有幾個關鍵點：首先，是能夠實現借錢目的，讓自己度過難關；其次，是盡可能不要透支和損害個人信用；最後，就是過程中要讓彼此都舒服和愉悅，至少**以後還能見面而不尷尬**。

其實，這幾點能做到是非常不容易的。除非是企業經營行為的正常舉債，對於個人而言，不到萬不得已時千萬不要借錢。

若真的有需要，要有讓人信服的理由。比如，民間所說的「救急不救窮」原則。在借錢時，要明確說明情況，像是為什麼借錢？借多少？拿來做什麼？何時償還？若有必要，也要明確利率。

另外，絕對不能給被求助者壓力，讓人為難。因為借是幫忙，不借是正常，沒有人有義務救助你。

所以，我認為比較妥當的借錢，應該這樣描述：「最近我家小孩出國需要存款證明，目前我這裡還缺三十萬元，想找親戚朋友幫忙湊一下。希望可以從你這裡借十萬元，使用六個月左右。若您方便就幫一下忙，不方便也沒關係，我還有其他途徑。」

但實際上，很多人是怎麼開口借錢的呢？

「你有錢嗎？借我二十萬元。你放心，保證下個月就還你。你身家實力我了解，就憑我們這關係，這麼多年我頭一回開口，我想你肯定不會不給我這個面子，另外，這點小事應該不用請示你老婆吧？」

特點是不說借錢的詳細理由，把對方捧得很高，就想堵住對方婉拒的嘴。這樣的方式要麼借不到，要麼借了估計也不會想著盡快還給人家。

說得直白點，重點關注在錢能否借到，而完全不顧對方的感受，也是種信用不佳的外在體現。

此外，借錢遭到對方拒絕，要表示理解，不要有什麼怨言；若對方借錢了，要表示感謝，這也是做人最基本的素質。

我曾經被人哀求借錢，但對方收了錢以後卻一句話都沒有說就不回覆了，令我費解加噁心。另外，借錢時要向對方表達：「我最晚什麼時候償還，如果中途有需要隨時提出來，我可以想辦法提前還你。」

還錢其實也是有學問的。首先，不能逾期。有些人說可以逾期，但要跟對方說明。但我認為，只要先前約好償還期限，就要說到做到，絕對不能逾期。

有句話說**「遠打日子近還錢」，還錢最好稍微比期限提前點，別讓對方心裡忐忑不安。**如果借錢是經營性的，無論是做生意、炒股還是買房，都必須給利息。若對方和自己關係很近，也可以買點跟利息價值接近的禮物。

其實，上述道理多數人都懂，但絕大多數人做不到。為什麼呢？因為能做到的人幾乎不會缺錢，即使缺錢，也會有人主動幫忙，根本不需要主動借錢。

最後，再次重申，除非萬不得已，不要借錢，否則傷感情是有很大機率發生的事件，除非你根本不在乎。

*　*　*

再來說如何分錢。

分錢這個話題包含兩個層面，既包括對待利益的分配與取捨，同時又包括對這筆錢的具體處理常識與認知。簡單來說，如果你有權做利益分配，處理的原則是什麼？如果你收到了本來應該屬於他人的錢，怎樣處理最合適？還是那句話，**所有跟錢相關的事情，都是試金石，背後都是信用經營和認知呈現。**

我記得以前銀行以承包模式經營時，每到年底獎金分配，其他部門都有各種爭論，然後伴隨著去找主管告狀和集體分家出走等。當然，也有的部門處理得很好，大家都非常開心、愉悅的面對分配結果，沒有怨言，也沒有爭論。

總的來說，對這件事的不滿意是常態，而滿意是應該追求的小機率事件。

首先，關於利益沒有人會不在乎，除非你是聖人或者神仙。另外，多數人會習慣對自己貢獻值有過高的評價。最後，多數人都有貪念，希望能夠在自己應得的基礎上盡可能多得，在利益最大化和公平上選擇前者。

當然，有些人是只有利益觀，而沒有是非觀，只想要更多，而內心完全對所謂的公平沒概念。

基於此，分配文化就非常重要，會決定團隊成員對公平性和分配結果的信心。簡單來說，當你面對分配結果時，是否擔心自己被欺負或者不公平對待？

無論是企業還是部門，很多文化就是核心人物的價值觀體現。從團隊角度，要對外勇猛、對內體恤，也就是說，主要向市場要效益，帶領團隊捕獲更多的獵物，能夠把蛋糕做大。這是大前提，而不是相反，對市場無能為力，卻總喜歡在內部剝削自己人。

另外，要有標準和對公平的追求，才能產生光明的分配文化。什麼意思呢？就是要心明眼亮的客觀評價團隊成員的貢獻，包括能力、態度和業績等。

簡而言之，就是不能依靠抗壓性和關係好壞來進行分配，且團隊成員的待遇是他們付出換來的，不能把這些當成是主管的恩賜。

此外，在明確標準的情況下，應該適當偏向年輕人。比如，告訴年輕員工按照考核應該會得到三十萬元的獎金，但因應內部調整，將獎金提高到四十萬元。

這樣處理有幾點好處：一，相同的金額放在年輕人身上提升感比較明顯。老員工多十萬元沒感覺，年輕部屬多十萬元高興得眼淚都要流出來了。

另外，從稅負角度也很經濟，因為年輕員工的所得稅稅率很低，給老員工獎金有一半都交給國稅局了。還有，年輕人是未來、是希望，是早上八、九點的太陽。他們也會成長，若干年後說不定還指望人家收留呢……。

上面的處理方式對職位高的同事也是種思維習慣的訓練，有利於形成較為寬厚的利益分配文化。若大家都能照顧底下的同袍，整個團隊積極愉快的奮力去市場打拚，就有利於形成正向循環——那就是優秀的年輕人願意來，來了都拚命，拚命後都能受到優待。對分配的公平性有信心，到年底時，只要聽個數就可以了。彼此都開心，不用背地問候親娘。

分錢還有個含義，就是處理自己手中的過路錢。比如，別人墊付的錢，但是你負責核銷；或者作為工頭，拿到薪水後分發給他人，生活中類似場景也常見。

首先，要絕對的資訊透明，親兄弟，明算帳，不能算得不明不白的，尤其是關係很好的情況下。此外，絕不能拖延，「錢不過夜」也是最基本的原則。還有，不能取整抹零，尤其在轉帳的情況下，精確到元、角、分並不難。

從利益而言必要性不大，但體現出的原則和態度，卻比錢本身重要得多。

知易行難，盡力而為！

08 沒事，死不了的

我認為現代人最常見的情緒就是焦慮。幾乎人人都無法避免，似乎生活在這個世界上，每天都有焦慮的事。焦慮本質上是恐懼，是對未知的恐懼。

這件事最討厭的點，就是很難治癒或者脫離。比如，疲憊可以用休息來緩解；餓了可以大吃一頓；甚至發燒都有退燒藥。但焦慮呢？有時候感到無能為力，而且想擺脫焦慮的過程，本身也會加深焦慮。

這是個很奇怪的現象，按理說目前人類已經進化到食物鏈的頂端，作為一般動物的生存危機基本不存在了。

在草原上的動物，隨時都有可能被吃掉，或者很難保證溫飽。而作為人類，在這些擔心都是多餘的前提下，為什麼還會產生更多的焦慮呢？

為事情感到焦慮，多數都跟比較和競爭有關。我們會擔心業績考核、擔心找不到工作或者失業、擔心找不到對象而孤老終身，也會擔心自己的孩子成績不好，將來沒有辦法在競爭中勝出；我們也焦慮自己的身體，擔心自己肥胖和三高，還有擔心自己會隨時得癌症。

似乎，人們若不給自己設點需要焦慮的事項，就不會活了。人人都痛恨焦慮，而且也大致明白焦慮沒什麼用，但是就是有些無能為力。就像作家韓寒說的：「懂得很多道理，但依然過不好這一生⋯⋯。」

那麼，面對焦慮真的無能為力嗎？

首先，要知道情緒解決不了問題，但思考非常必要。當遭遇生活中的困難或波折時，我都會問自己幾個問題：一、我是否能夠承受最糟糕的結果？二、最糟糕的結果，發生的機率有多大？三、目前能夠採取的有效辦法是什麼？

想過這幾個問題後，大部分的擔心都會排解，少部分的擔心雖無法排解，但也只能交給命運了。簡單來說就是，小事不用愁，大事愁沒用。

其次，要克服貪念和過度的欲望。維持人活在世上的條件不難，其實除此之外都是負擔。比如，賺錢的目的是花錢，花錢的意義在於提高生活品質。所以錢是工具，而不應該是目的。也要接受人生的不如意，像是房子不夠大、老婆不夠漂亮、孩子不夠聰明。有房貸也沒什麼，誰過日子不會欠一點債呢？

還有，除了自己的老婆、孩子以外，別為了滿足別人而犧牲自己。有時候我們特別愛為別人活，生怕被人看不起，甚至在意陌生人的目光。比如，在人群中不小心放了屁，因為被人哄笑而久久不能釋懷。

仔細想想，誰會跟陌生人拚命較勁呢？有時候需要忽視別人、多取悅自己，這點重要但很難做到。最後，要用有高度和發展的眼光看待問題。有句臺詞是這樣說的：「讓你難過的事情，總有一天，你一定會笑著講出來。」

如果你認為遇到的人很爛，把自己拔高俯視，他們就不再是你的對手，而是芸芸眾生的小丑。所以，阿Q精神就很重要了，選擇性忽視是種很強的能力，會讓你的人生更遊刃有餘。

當然，這些也未必能解決所有問題。焦慮時要坦然面對，接受自己的不完美，靜靜的等待這段糟糕日子過去，迎接下段糟糕日子的到來。

沒事，死不了的。

09 嫉妒和遷怒是惡中之惡

在撮合交易時，經常會有老闆替別人算帳，明明這門生意對自己很有利，但是當發現也讓對方賺了不少錢後，就不高興了。有的人甚至會為此直接選了次優方案。看上去很任性，不是理性決策，但似乎又很符合人性，這就是嫉妒。

上至富比士全球富豪榜的超級富豪，下至街頭的乞丐，都脫離不了嫉妒。這似乎更接近人的本性，就算是品行端正的人，看到他人的好，內心也會略感複雜。嫉妒，似乎是競爭意識的某種向內轉化，是人性中很常見的情緒。

嫉妒是對他人擁有的事物或成就感到的強烈陰鬱，這也是嫉妒跟羨慕、憎恨的區別。似乎沒有人願意承認自己的嫉妒，任憑這種幽暗的情緒在內心慢慢滋長，最終讓人痛苦不堪，甚至會做出破壞行為。

嫉妒有個很明顯的特徵，就是時間與空間維度的接近。

因為本質可能是競爭的變形，所以，你不會嫉妒古代皇帝有三宮六院，也不會嫉妒某人當選了美國總統。但是很可能會因為同學分數高、同事得到老闆賞識，而內心產生不可告人的不快。

若他人取得了成就，而這成就是你唾手可得又自主選擇放棄的，你會因為有優越感而不會嫉妒；若他人的成就是你無論怎樣都無法企及的，也會讓你甘拜下風，更多的是羨慕。

所以，嫉妒的來源是你所期待卻求之不得的東西，但與你很接近的人得到了，這時候嫉妒感最為強烈。

當你對某種成功相當期待時，你會痛苦；當經過努力依然無法如願時，這種痛苦會加劇；當看到身邊人居然輕鬆得到，那就差不多要萬箭穿心了。而且，當嫉妒轉化成行動時，會有復仇的效果；若嫉妒被壓制時，會轉化成輕蔑。

所以，人很難做到理性。在所有情緒折磨中，嫉妒帶來的痛苦最為強烈，占有慾次之，貧窮或匱乏反而最小。

嫉妒的本質是對功利的計較，而對於某些精神價值或者技能，在沒有轉化成利益之前，多數人會選擇寬容。

比如，荷蘭畫家梵谷（Vincent Van Gogh）藝術水準高，但在畫作賣出去之前，很難有人嫉妒他。但是如果作品可以給他帶來名利，那麼結果就可能不同。所以，淡泊名利的超脫者會比較好過，不只不易遭到嫉妒，也不大會嫉妒別人。

競爭意識有時候會讓人狹隘。像是對於別人的成就，我們習慣挑剔，好證明對方受之有愧、徒有其名。其實這是用情緒解決問題，大可不必。

若他人確實徒有其名，成就根基便有問題，就不必嫉妒；若成就是客觀的，也應該給予喝彩並見賢思齊，而不應該嫉妒。

人世間有很多計較，都可以用不必要和不應該加以區分，這樣日子會好過很多。另外，**人類所有負面情緒中，嫉妒和遷怒是惡中之惡**，因自身狹隘而傷及無辜，且受害者往往是身邊親近之人。

10 絕交，你必備的能力！

在成人世界裡，「絕交」特別值得思考。這似乎是個不好的詞語，都說以和為貴或多個朋友多條路等，而絕交是在人際關係上做減法。這需要勇氣，更需要能力。同時，絕交聽起來十分情緒化，更需要理性對待。

絕交的前提是有深交。泛泛之交可以隨時放下甚至淡忘，根本談不上絕交。從這個角度而言，廣義的絕交不應該只涉及友情，還涉及親情和愛情，最典型的絕交就是與戀人分手。當然，我們通常說的絕交，指的是朋友之間的決裂。

俗話說：「君子絕交，不出惡語。」所以絕交的本質不是仇恨，而是放下，某種程度上是種關係的降維處理。從形式角度，也不是封鎖對方，永不來往，而是從心底重新定義兩人的關係。

簡單說，**絕交不是翻臉，也不是仇恨，而是徹底放下，不再有期待。**

絕交這件事，發生頻率不能太高，太頻繁了要麼說明你對人的判斷有問題，要麼說明你人品有問題。尤其是那種隨意絕交然後又和好的人，是典型的低級巨嬰表現。

但是若從未有過絕交的經歷也不對，要麼從來沒有深交過，要麼就是對人、事缺乏原則性，或者是懦弱。這樣既委屈了自己，也無法成全別人。

因此，**絕交是個正向的詞**。意味著人有勇氣在人際關係上做減法，在自己人生路上放棄那些不適合自己的人。這樣可以節省出更多的時間和精力，善待值得善待的人。這輩子跟他人的緣分都是階段性的，所以都要珍惜。

珍惜的核心方式是有取捨，所以才有放棄。

* * *

人與人之間的關係大體分兩種，一種是互惠型，另一種就是消耗型，所以人際關係也是需要經營的。人在本質上都是利己的，但有人會用利他的方式實現利己，而有人只會透過利己的方式來利己，不同的方式背後是人生底層的演算法不同，效率、效果自然就有很大的差異。

簡單來說，與他人交往，要麼基於利益、要麼對方值得自己學習、要麼能夠收穫快樂。若以上三點都沒有，那麼這個關係不會長久。

絕交，不是因為某個突發事件，讓人對彼此的關係做了重新定義，就是日久見人心，彼此漸行漸遠。

雖然也可能是因為誤解，但客觀而言，絕大多數誤解都是當事人故意的，只是作為絕交的工具而已。冤枉你的人比誰都知道你的委屈。

所以，成人世界中，對待友誼要謹慎，別喝點假酒就成了哥們兒；另外，絕交要更為謹慎，別因為一點小錢就翻臉；當然，斷捨離時也別猶豫，敢於減去才能提升生活品質。

人生苦短，要盡可能與值得的人同行。

11 向死而生

死亡是每個人都需要面對的，在這點上幾乎人人平等。正因為有死亡，才讓生命具有階段性，人生的精彩和有趣都根源於此。

有句話叫做「向死而生」，還有句話叫「不知死，焉知生」大概都是這個意思。我認為，沒有思考過死亡的人，就是沒有思考過人生的人。

有人覺得，死亡不吉利，說這幹麼？其實，這太有必要說了。

現代生活似乎隔離了普通人與死亡的距離，因為死亡有專門的場所，像是醫院和殯儀館，而這似乎都距離我們很遙遠。當自己的親人或朋友去世時，才發現原來這個世界還有這麼重要的出口。

似乎，死亡在微笑著等著所有人，或早或晚。

曾經跟大學同學聚會吃飯，他很嚴肅的聊到一個話題，就是自己死後到底應該埋在哪裡。他說他祖籍湖南，但是出生在貴陽，後來隨著父母到天津塘沽生活，最終考上北京大學並取得北京戶口，目前在杭州定居。

其實，我理解他的困惑，他不知道他的根在哪裡。用他自己的話來說，似乎埋在哪都不對。聽者都笑了，但他臉上真的滿是悲傷。

我小時候住在農村，生老病死就是日常生活的一部分。經常在早上醒來時聽見鄰居過來通知，誰家老人去世了，有時候可能就在隔壁，然後我就看到我爸披著衣服跟著出去了。

等我起床過去看熱鬧時，周圍的人都過來幫忙。用白布蓋著逝去的人，停放在門庭，各種程序有條不紊的進行。有人去買菜、有人組織吹鼓手、有人做孝服、有人去買棺材、選墓址等。

這些都是標準程序。親戚子女偶爾悲傷哭泣，晚上很多時候還叫來「民間藝術說唱」。若死者年紀大，算喜喪，那麼演出內容會非常輕鬆歡樂。看著那些身披重孝的人也跟著笑得前仰後合，感覺緬懷好像變成了慶典。

經過三天後下葬，儀式在鞭炮聲中塵埃落定，然後大家都各歸其位，恢復了往日的寧靜。

其實，每個人與世界都只有階段性緣分。人生幾十年似乎很漫長，但跟浩瀚宇宙上百億年的歷史相比，也就是一瞬間，就像火柴劃過後熄滅那樣。

而且人生中還有不懂事的孩提時期，有老年無法生活自理的呆傻階段，真正有品質、有價值的也就那麼一段。

你想過嗎？你過的每一天，都是你生命中最年輕的一天。再過一百年，現在你周圍認識的所有人幾乎都不再存在。抬頭仰望星空，這個世界你曾經來過，那麼你存在的意義是什麼？

所以，當你喜歡別人還不敢表白；當你忙於工作沒時間陪家人；當你因為同事升遷而耿耿於懷時，不妨仔細琢磨一下，或許，有更好的選擇。

當你年紀大了，處於彌留之際時，你能否內心平靜、不留遺憾的對自己說，這個世界，我真的來過呢？

第三章

實話、假話、好聽話

01 實話難聽，婉轉噁心

我常遇到一種情況：朋友替我介紹客戶，說有個不錯的業務機會，但聊沒幾句，就發現這個案子完全不可行。

他所謂的合作提案，基礎薄弱，只是有個遠大的夢想，甚至要錢沒錢、要能力沒能力，還幻想各種嫁接資源，想先從搞定證券商開始。

說得直白一點，就是異想天開。

這種事當然得拒絕，但是有個問題經常困擾我，那就是：是否要把話說清楚？通常對方都會問：「你們為什麼不做？先聽我講講這件事的來龍去脈。你們判斷也要有個嚴謹的依據，憑什麼就直接下結論，說這個專案做不起來呢？」

對相似專案之所以是判斷，而不是武斷，就是因為有經驗積累形成的本能反應。有些人、事確實需要了解情況以後，才能下結論，但也有些事只要大略聽過，不必了解細節就知道沒有希望。

道理也很簡單，很多事情都是常識。所以，拒絕會讓人感覺不好，尤其對方是帶著誠意來求助的。話說到這，確實會有些尷尬。

拒絕得果斷乾脆，甚至都不願意更深入分析、討論時，你不解釋原因，對方會覺得你這個人做決定過於隨便，而且有朋友引薦，你居然不給面子。

但是如果解釋了，有時候事實的真相也很傷人。很多時候，需要對非專業人士進行專業科普。拒絕對方的提案，還得認真教導他，讓對方心服口服，最終接受這個冰冷的結論——這提案根本沒希望，因為事和人都不可靠！

其實，我每次都有點後悔，為什麼沒辦法找個委婉的理由，讓彼此都有面子呢？比如：「你們的提案很不錯，但是我們現在太忙了，人手也不夠，很難提供讓您滿意的服務。為了不耽誤您，我們就不參與了。希望您的宏圖偉業能夠實現，這確實是利國利民的好事。」

但這話好聽嗎？我怎麼感覺更噁心了呢！

02 大哥，你先買單吧

大約五年前，有位要熟不熟的大哥找我吃飯，說要討論業務。見面後，大哥把我狠狠的誇了一頓，說我是業界裡的翹楚、青年才俊、超級無敵資本市場小能手什麼的，還說我很可能是他人生的貴人。再來，就進入了正題。

他說他在東南沿海有個大專案，是度假小鎮類型的旅遊地產開發。規畫投資大約五百億元，可以多年滾動開發，經過測算專案收益也有好幾百億元。

話說到這，大哥目光如炬、聲音洪亮，說自己跟當地市委祕書長是朋友，已經談好了讓他來做這個案子。初期投資大約一百億元，七〇%是銀行貸款，自有資金大約三十億元就可以。

我默默聽著這幾個數字，內心就有種不祥的預感，但已經坐下了也沒辦法離開，只好繼續聽，一邊安心的吃飯。我十分配合的問：「你是想融資三十億元，還是要找合作方來聯合開發？」

他激動的說：「這麼好的機會，肯定不會和別人分了！我打算自己投資這三十億元。但客觀來說，這筆錢對我確實有點難度，所以我需要透過資本市場做點短平快[1]的套現生意。」我聽後虎軀一震[2]，這很明顯是我擅長的領域，不過這三十億元想要從資本市場套現，談何容易。

「您是不是有比較好的資產，希望能引薦上市公司收購，然後套現去做這門大生意？」我問。

「勞總，您太聰明了！行家真是一點就通，我想說要獲得巨額資金，不借助資本市場是不可能的。所以想弄個遊戲公司賣給上市公司，我看市場有類似操作，好幾億利潤的公司賣了幾十億，換了股份不說，套現近十五億元，我看著都跟著激動起來了。」大哥手舞足蹈的說，像極了第一次吃到必勝客的農村孩子。

「原來您是做遊戲的啊！現在想轉行做房地產嗎？這些領域都是暴利行業。遊戲、資本市場和房地產這些詞語都是大富豪的代名詞啊！您遊戲公司目前經營如何？有什麼產品嗎？產品研發必須實力堅強……。」我接著配合往下聊。

「你聽我說，我現在沒有遊戲公司，但是我希望能在有限投入的情況下，迅速成立家遊戲公司。這事首先得快，其次是只能成功不能失敗。

「我已經找到非常強的團隊，這支團隊過往有很強的營運能力。前期投入不大，但產品出來後的宣傳、發表是關鍵。所以，我大概需要三千萬元的資金，進行團隊搭建和產品研發。」大哥說。

我聽著整個洩氣啊！這故事也太長了，從五百億元的豪華大地產專案，聊到遊戲公司的啟動資金三千萬元。這大哥是在講段子嗎？看起來也不像啊！滿臉認真、口沫橫飛，就差拉著我的手要結拜了。

我說：「這些環節理論上能實現，但真要操作是不可能的，成功機率太低、時間節奏也不匹配。」

大哥若有所思的點頭，但還是希望能試試。這次跟我吃飯，就是希望我能幫

---

1. 指投資效益高、回收快的一般科技項目。
2. 吃驚的意思。

他融資三千萬元。我當時差點把飯噴出來了，原來這三千萬元也沒有啊？我心裡暗罵：「連三千萬元都沒有，就敢請我吃飯，誰給你這麼大的膽子……。」

大哥說：「要是真的有錢，就不會來找你啦！其實這三千萬元也不難，想跟你探詢一下，如何利用北京郊區某大型購物商場的經營收入作為底層資產，運作發個ＡＢＳ（資產抵押債券）產品融資三千萬元。」

我聽著都快笑出聲了，也告訴他這個ＡＢＳ不好發也不好賣，建議直接把商場賣了或者抵押就解決了。大哥沉思片刻，搖搖頭說不行。

我問為什麼，他說商場是他哥們兒的，他只能借不能賣。

我當時感覺胸口好痛，給了他最務實的建議：「您還是先把單買了吧，一會兒餐廳要打烊了……。」

03 千萬別給爛人機會

我曾經說過：面對不熟識的人提出的請求，當你婉拒，對方還堅持不放棄時，必須明確拒絕。而且，對這樣的人要特別小心，**千萬別給爛人機會**。

舉個例子，有次演講時，我認識了某證券公司營業部老總。他對我很客氣，說想請我去為當地商業銀行演講。但因為跟商業銀行，尤其是地區分行合作的可能性不高，而且還要專程搭飛機去，想想還是算了，於是就婉拒對方。

結果，這人相當執著，打了好幾次電話，說這家銀行非常認可我，想聽聽資本市場投資銀行的業務開展。言外之意，這次翹首以盼的聽眾都是我的粉絲。

其實，我知道他是想透過我，跟銀行打好關係，可能會有產品銷售或者資金等合作機會。總之，就是認為我演講還行，想給銀行送點人情，這是我的理解。

有點像是，認識個感覺技術不錯的技師，於是推薦給自己哥們兒和客戶。我相當於那個技師，當然得屬於金牌系列的。

我覺得有點不好意思，畢竟對方也算是個營業部負責人，每次打來都在電話那頭勞哥長、勞哥短的。雖然跟他不算熟識，這件事對我也確實沒什麼意義，但是演講也不算太麻煩的事，難以推辭就答應了。

對方非常高興，我就安排出差飛了過去，手舞足蹈的說了一個下午。場面還行，分行負責人還帶頭互動了挺久，氣氛相當融洽。營業部負責人很高興，尤其是銀行行長還拍他肩膀說做得不錯，他的臉都笑成了一朵花。

我回到北京後，他發了訊息給我，表示感謝。他說這次效果很好，銀行方感覺收穫很多，行長也說這種培訓應該多多舉辦，讓其他同事都可以參與。

他答應替其他三個城市的分行都各安排一場，下次是該銀行的某市分行，時間是下週六上午九點，後續三個週六都安排好了。

他說：「不好意思，還得勞哥出馬。」我當時非常驚訝，我說：「你怎麼能在沒有和我商量的情況下，就擅自做主呢？開什麼玩笑？」

他說：「銀行這樣要求，我也很難拒絕，都是重要客戶。這也沒辦法怪人家，是勞哥你給他們印象太好了。兄弟，是我冒失了，還請你原諒，但我都答應人家了，這件事無論如何你都要幫幫我，否則我就沒辦法混了。」然後還說考核壓力多大，他上有老、下有小。意思是，假如我不幫忙，他就只能去死了。

我說不行，就把電話掛了。後來的一個星期，他天天打電話給我，每次都一直苦苦哀求，最後我就不接電話了。直到演講的前一天，他還是不停的打電話來，不過我也沒多加理會。心中頗為不快，但我以為這件事就這麼過去了。

週六早上八點半，我接到一通陌生電話，電話那頭有位年輕女性用甜美的聲音問道：「勞老師，我是某銀行的某某，您到會場了嗎？我們人都到齊了。」

我立刻明白是怎麼回事了。我告訴對方我還在北京，並沒有答應要替他們演講。對方瞬間特別詫異，說道：「剛才我打電話確認過了，您朋友說您還在路上，馬上就到，還給了我您的電話號碼。」

此刻，我的腦袋瓜嗡嗡作響。我說：「我再重複一次，我沒答應要替你們演講，誰幫你們安排的妳就去找誰，這件事跟我沒有關係。」

通話結束後，我打電話給這位營業部老總，但他已經關機了！

04 哥，海鮮呢？

我去大連出差見客戶，客戶開車送我去機場。下車後，從後車廂搬了個保麗龍箱，說大連沒什麼好東西，準備了點海鮮，不成敬意，還請笑納。我表示感謝，提著箱子離開，客戶揮手告別，特意囑咐海鮮需要托運。

那箱子不大，但還挺沉。

我盤算著到北京估計都晚上十點多了，再加上老婆跟孩子都回岳父、岳母家了，只剩下我孤家寡人，這海鮮可怎麼辦啊？於是，我就打電話給我同學，要他來機場接我，他一開始相當不情願，後來聽說有海鮮，於是很快就答應了。

行程很短，飛機轉眼就落地，我確認了托運行李轉盤，找個旁邊的座位開啟了等待模式。這時候同學電話打過來了，說他已經在停車場等我了，還開玩笑說家裡水都煮開了，就等著豪華大海鮮到位了。

周圍人紛紛從轉盤上拿行李，我邊玩手機邊不停張望，期盼著熟悉的箱子能夠出現，直到最終轉盤停止了轉動。我猛然站起身來，什麼情況？我托運的海鮮怎麼沒看到呢？我問了工作人員，他叫我去轉盤旁邊的房間認領。

我過去看了，依舊沒有，內心充滿了疑惑。我去行李處理工作臺跟工作人員交涉，說我托運的行李沒有到達，可能是行李遺失了。戴眼鏡的胖大姐態度很好，說：「先生放心，在七日內找到後會交還給您，請您安心等待。」

「開什麼玩笑啊？我那可是海鮮啊！七天後都臭了。」

胖大姐聽了，就建議我報行李遺失，可以按照合理價格賠償。她問我箱子裡裝了些什麼、大概值多少錢，她拿出了登記表準備登記。

「是別人給的海鮮，我拿到時已經封口了，所以……。」

「海鮮價格差異很大呢！要是海參那可挺貴的，要是海帶呢？就不值錢。誰送你的，問問啊！活人還能讓尿憋死嗎[3]？」

3. 指遇到問題，總得想辦法解決。

於是，我打了電話給客戶，先感謝他送我海鮮，再問問裡面有什麼東西，花了多少錢。對方聽了後，說話聲音提高了八度：「哎呀！勞總，就是點海鮮，一點小心意，不值錢，不值錢！」

完了，誤會大了。我又解釋了一下，說海鮮托運到北京後找不到了。

客戶回覆說：「明白了，我這再安排一箱寄過去給您，您把地址給我。」我急得跳腳，直接告訴他我在機場辦理理賠，需要確認具體海鮮品種和價值。

對方這才恍然大悟，在電話那頭都笑出聲了，說箱子裡主要是海蝦和扇貝，還有兩隻螃蟹跟大白腹魚。他說，本來他老婆要他買條白腹魚回家包餃子，結果賣海鮮的都打包到箱子裡了。他瞬間感慨，那條可憐的白腹魚，死得好委屈啊！

得到了價格後，我很快填好了表格，準備往出口走時同學電話又打來了。哎呀！差點把他給忘了。我來到停車場開門上車，同學下車打開後車廂，從我手裡接過行李箱，然後又打開車門用手擋著車門上沿，給了我最高的接待禮儀。

我臊眉耷眼[4]的爬到了後座上，閉上眼睛開始裝睡。同學繫好安全帶，轉過頭來滿臉期待的問：「那哥，我的海鮮呢？」

5　現代部屬好難為

幾年前，有人推薦了個微信加我，對方註明是某股份銀行的某某。我同意後，直接跟我說：「勞總，久聞大名。最近有沒有時間呢？我們主管併購的副行長想帶隊做業務交流。目前資本市場，尤其是併購這塊是我們的業務發展重點，您在業內也是厲害的頭牌，所以希望能有機會交流，探討後續合作的可能。」

說實話，我內心挺反感這種事，如果有案子就談案子，沒案子還要見面、噓寒問暖，有點浪費時間。不過我也理解，對於很多商業銀行而言，各種拜訪和討論開會就是行長們的常規工作，但對我而言真的沒有什麼實質意義。

我說算了吧！有具體案子再說吧。

4. 形容垮着臉、沒笑臉，不愛搭理人的表情。

面對拒絕，這位小姐還挺執著，說這事是主管交待的任務，然後她還給我戴了高帽，說預想到了像我這樣等級的人肯定不好約，但她接下這個任務也希望能夠完成。不然在主管面前確實挺難做的，這年頭作為部屬都不怎麼好混。

聽她說到難處，關鍵是給我這高帽戴得挺受用，我感覺有點被架到那了，要是不答應好像就是擺架子、難為人家似的。

我說我考慮一下，再看看最近的時間。

因為我的表態基本上算答應了，她聽了後挺開心，說時間最好能下星期。我排了排，給了一個明確的時間。對方稍後回覆說不行，因為與行長時間衝突了，能否調整一下。

我又說了另一個時間，後來還是不行。

這樣來回碰了好幾次才勉強碰上，實際上，最後是按照對方的時間來訂的，我自己協調更改了內部某個專案討論會。我想，既然答應了就盡可能協調，早見完也早省心。

我說，我預定了公司的會議室，到時直接過來就可以了。

＊　＊　＊

後來，她打電話問我能否在他們公司見面，順便也讓我參觀一下新辦公室。最主要是，行長前後都排滿了會議，另外也希望其他部門的人都能跟我交流，這些人全部過來不太方便，所以還是希望我能夠跑一趟。話說得十分客氣。

說實話，我感覺有些不太舒服。他們費這麼大勁約人交流，最後還想在自己家裡坐著等。我有點打退堂鼓，而且本來就不怎麼想去。

後來，這位小姐又打了幾通電話過來，說他們那邊都安排好了，大家都很期待迎接勞總的到來，還問我是否需要專車接送、我們這有幾個人要去等。

我確實有點不好意思說不，聽她說的地址確實也不算太遠。我這成就別人的想法再次湧現，便說：「好吧！我自己過去，就一腳油遠不用什麼車接，我騎個共用單車就可以了。」

當天，我按照事前約定的時間到達，傳訊息給對方說我到了。

對方回覆抱歉，說他們行長上個會議還沒結束，希望我能稍微等一下，稍後她會下來接我。我說：「沒事，我在下面等會兒，你們會議什麼時候結束告訴我，我就上去。」正好樓下有星巴克，我就過去點杯喝的，在那打電話、滑手機等候被召見。

半小時過去了，沒有動靜。我又問了一下狀況，會議還在繼續，又過了十分鐘，會議還沒結束。我內心充滿了不爽和憤怒，起身就走了，在門口又借了輛共用單車回辦公室。路上還有點冷，風不小，把我的頭髮都吹得凌亂。回到辦公室坐下，心情還是有點無法平復。

又過了半小時，她打電話來問：「勞總，您還在嗎？我們行長開完會了，大家都在恭候您呢！我這就下去接您上來。」我告訴她我已經走了。

她有點無奈，也有點失落，邊道歉邊哀求道：「勞總，您能回來嗎？我們行長還有這麼多人等著您呢！您要是不來我會被罵死，說不定會被炒魷魚……。」言語中甚至帶著些哭腔。最後，我默默掛掉電話。妳跟誰裝熟呢？

06 成年之後，如何與父母相處？

人未必有子女，但肯定有父母。如何與父母相處，也是件重要的事。有句話叫做：「百善孝為先」，意思就是對父母要孝順。當然，孝順是大前提，但也需要思考孝順的方式和尺度。

有人說，孝順就是順從父母的意思；也有人說，孝順就要讓父母享福，給他們很好的生活。

其實，無論是對父母還是他人，善待的最佳方式就是，按照他們想要的方式對待他們。所以，與父母相處有幾個基本點：安心、自由、小虛榮與理性取捨。

父母對子女的愛是忘我的。在父母眼中，子女是比自己還重要的人。所以，善待父母的最佳方式就是要愛自己，要能夠照顧好自己，讓他們安心。

所以，**在善待父母這點上，有點私心才是真的無私**。為了照顧父母而讓自己受苦，看似孝順能夠贏得別人稱讚，其實對父母而言，多半都是煎熬。

一句話，能夠愛自己，才有能力愛他人！

真正的孝順是讓父母舒服，而不是做給別人看。比如，如果父母不習慣住在城市，就不要強求，不要美其名是讓父母享福，卻好比坐牢一般。

其實，就算是在村裡或者小縣城，只要是父母熟悉的環境中，生活依然可以安排得很好，讓他們住好、用好、穿好。平時還有左鄰右舍跟親戚聊天解悶，尤其是在這種環境中，父母有機會保持心裡的優越感，能夠以子女為榮，何嘗不是種樂趣？

另外，**父母都需要小虛榮的，不僅要裡子，也要面子**。比如，每次回家時，父母都會當著親戚的面問：「現在一個月薪水多少啊？這次坐飛機回來的嗎？最近有出國嗎？」

要知道他們這些話題的用意，別不耐煩，找對象時花言巧語都很厲害，面對父母稍有耐心就能有不錯的效果。回家時就當面給錢，千萬別用轉帳的方式，就是要鈔票扔來扔去、又數又存的感覺，才過癮啊！

當然，孝順也需要理性取捨。比如，父母有很多過時、不正確的觀點，只要多聽、多點頭就好了，但具體是否照辦，就視情況而定了。

時代不斷發展，父母用生命積累的經驗有些值得借鑑，但需要取其精華去其糟粕。

比如，即使把父母安排在自己身邊，也最好別在同一屋簷下。要知道，子女的歸宿都是在遠方，有距離才能產生美。另外，也要平衡父母和自己家的關係，當出現矛盾和衝突時，必須堅決以自己家為重。

我爸說，只有與老婆一條心，日子才能過得好，大概就是這個意思。

07 情人節的激情碰撞

某個下雪的情人節，我開車上班，融雪造成路面有些滑，車輛都小心翼翼的開，情人節的空氣中都彌漫著愛情的味道。我被塞在路上，有點無聊，對於中年的已婚男人而言，情人節不奢求什麼浪漫，只求別被埋怨就行。

要求真不高，但是想什麼表示都沒有就度過，也說不太過去。最好的解決方式就是用轉帳展現誠意，再附上肉麻的留言，就勉強能夠交差了。想得到好評是不可能的，真正的好評需要幾個條件：貴、用心、驚喜！其實我內心也清楚這些，但是這該死的情人節每年都有，還真有點麻煩！

想到這，我趕緊把手機拿出來，手忙腳亂的把這些動作都完成。主要是擔心到公司會忙忘了，那就是原則問題了。內心還戲謔自己，看來這個情人節沒有什麼激情碰撞的可能，連額外的花費都沒有。這就是多數中年男人的生活啊！

嘀！轉帳成功。

忘了寫祝福語了，剛才想到個肉麻的詞，轉眼卻忘記了……結果，只顧低頭使用手機，當抬頭看路時，發覺前面的車尾近在咫尺。雖然車速不快，但還是因為沒有及時煞車而撞了上去。

「噹啷！」

＊　＊　＊

這種時候，按照小說裡的情節，對方應該會是輛紅色的跑車。接著，車裡會走出位摩登女郎，金髮碧眼、戴著墨鏡，一下車就用標準的倫敦腔喊道：「Shit! What happened?」

事實上，我撞到的是輛老舊的金杯[5]，車身的漆已經傷痕累累，且全都是灰

5. 中國汽車品牌，總部位於遼寧省瀋陽市。

塵，在北京這種車還有個通俗的名稱——廂式貨車。

我雖然車技不怎麼樣，但也很久沒有發生交通事故，突然有點不知道該怎麼辦。只好趕緊打開雙黃燈下車查看，看到對方車輛的後保險桿已經凹進去了，我的車牌也掉了，車頭滿是刮痕。

對方車上下來了位師傅，問：「怎麼回事啊！兄弟！」然後又下來個老頭，齜牙咧嘴的手扶著腰，滿臉痛苦的表情，讓我瞬間有點不知所措。

我說：「抱歉啊！接個電話走神了，我全責！」

簡單拍照後，雙方把車挪到路邊。我努力回憶過往交通事故的處理流程，好像是要打電話給保險公司。要不要叫交通警察呢？還是私下處理也行……。

我連自己的車有沒有保險都不知道，在這個瞬間還真像老婆說的那樣，生活嚴重不能自理。我想還是簡單點吧！公司還等著我去開會呢。

「這樣吧，師傅，您加我微信，修車後告訴我多少錢，或者您大概問一下需要多少錢，我賠給您，看您方便……。」我給出了很誠懇的提議。

師傅說，剛才他問了修車廠，這樣類似情況修理大概需要一千五百元。要是能接受這個數字，他就直接修車了，否則就要走保險，那樣會麻煩很多。

我答應他沒問題，就在微信上轉帳一千七百元過去，多的兩百元算誤工費。師傅挺開心，臨走還跟我握了下手，我注意到師傅的微信名叫坦誠老六！

剛才還感慨情人節沒什麼激情碰撞，也沒什麼花費，這事情真禁不住叨念。這下可好，碰撞也有，花費也如願以償了。

這時看到老婆也在微信上收了我的轉帳，還不知道在這期間，我是如何完成這麼刺激的碰撞的，而且還得付費。

老婆此時來電，我在電話中如實彙報，原本期盼著什麼花錢消災之類的安慰，結果老婆沉默了一會就問了句：「有這麼巧的事？」

08 我的相親往事

想當年，我還是個未婚青年，但因為在金融圈混，又在北京買了不小的房子，還開著不錯的車。

怎麼說呢？除了形象稍微有點客氣外，雖然說不上是什麼翹楚，也絕對是相親市場中不可以被忽視的一股力量，導致各種大姐、伯母非常積極，好像要是我花落旁人，是她們人生最大的失誤和失職。

於是，她們之間展開了一場別開生面的介紹對象大賽。

後來有位大姐介紹了個幼稚園老師給我，上班地點就是她孩子所在的幼稚園，因為接送孩子時經常接觸，所以就比較熟悉。據說，條件很不錯，是北京人，家有四合院的那種，未來拆遷大戶，應該非常有錢。

這還不是最強的。最厲害的是，以後要是結婚生子，孩子從幼稚園到高中都不用擔心學校的問題，因為附近都是很好的學校。但她有個特別之處，就是全家都吃素，且對未來老公也有這個要求，特意聲明在先。

我跟媒人說這可能有點難，要考慮一下。

其實，這些問題都不是重點，我好奇的是，這姑娘到底長得好不好看？介紹人對她是大力讚賞，但那種稱讚和標榜，像極了我們介紹併購標的給金主的語言風格：「總之過了這村，就沒有了這店。這個姑娘婀娜多姿、貌美如花，渾身都散發著香味，讓人垂涎三尺、魂牽夢繞……。」

聽到這，我立刻來了精神，大聲說可以見面看看。

什麼都不圖，重點還是為了給孩子美好的未來。我語氣非常堅決，身上荷爾蒙各種亂竄……其實，我內心也有點猶豫，畢竟要是真的和她結了婚，我此生就要告別心愛的雞、鴨、魚肉了。

但是聽到對方描述她這麼漂亮，想想人生終究要有所取捨。找到漂亮老婆，葷菜說不定也可以偷偷吃；娶到難看老婆，天天肥腸、大肘子掛脖子上，又如何呢？更何況，為了孩子，做點犧牲也是應該的……。

於是，我就要了她的電話，約好週末在王府井[6]見面。一是離這姑娘近一點，另外，那周邊比較繁華，因為這姑娘只吃素，我也是費了些心思，吃披薩總是可以的。而且必勝客在我這農村孩子的心目中，就是豪華西餐的代名詞，是活潑、時尚又高級的地方。

這麼說吧，我那時候還是個積極周到的男孩子。

這個姑娘遲到了一會，我也沒太在意，女孩矜持也相當正常。後來，在電話裡女孩跟我說，她帶了高中同學一起過來。可能是擔心兩個人獨處會悶，但我想，這相親還組團來啊！要是我被她高中同學相中了，那多麻煩啊？我心裡有種隱隱的擔心，不過她們來了後，我終於放下內心的忐忑。她同學比我還壯，那汗毛比我都重呢……。

開始點餐後，這個姑娘拿過菜單，一口氣點了不少，各種披薩擺了一整桌，結帳金額是三百九十元。反正我記得沒怎麼吃完，剩了不少。

吃飯時我忘記都聊了些什麼了，反正這姑娘應該是學歷不高，平時都跟小朋友在一起，確實比較簡單。樣貌其實還可以，膚色挺白，至於五官長什麼樣子呢？隨著時間的流逝，已經逐漸模糊了。

吃完飯了，時間還早，姑娘建議去逛街，這個我確實不太擅長，但是也沒有拒絕。就這樣三個人在商場裡面逛，兩個小姑娘嘻嘻哈哈的，我在邊上話不多也有點無聊，有沒有幫忙出錢也記不得了。

後來就告別了。回家後，我自己復盤了一下，沒什麼特別的感覺。全程都禮貌應對，內心也沒有預先的那種渴望。女孩遲到、帶來高中同學、點餐略有豪放、席間的談吐等，我感覺總體而言印象不能說差，但確實沒什麼亮點。

我想也就算了，這樣時間又過了幾個月。

後來介紹人問：「那個女孩你後來聯繫了嗎？我每次送孩子上下學，人家還打聽你呢！她對你印象挺好，還開玩笑說你都不找她，你得主動點啊！」

「最近比較忙啊！」我說。介紹人瞟了我一眼，說：「你請人家看場電影吧！電影院環境好還方便。」我心領神會說，好的收到明白！

---

6. 位於中國北京市東城區中部的一條大街，也是北京市的一條商業街。

我想了想，畢竟人家是老師，確實也不能過於怠慢。再說，說不定多接觸下能感受到彼此的好、兩人能來電呢！

於是我打電話約女孩看電影，那時候還不能在網路上訂票，是到現場才買。我當時想找個恐怖片，結果沒有什麼恐怖電影，比較驚悚的就是《金剛》（*King Kong*）了，於是就下定決心看這部。一想到要跟女孩看電影，內心再次激起小小漣漪。

到了電影院後，沒有多久女孩來了，一身白色長裙確實婀娜多姿。我心想這次高中同學沒來呢！內心正得意。

結果，突然發現她身後閃出個大姐，身材高䠷、略有駝背、滿臉雀斑。然後她介紹說，是她表姐。我靦腆點頭示意，大表姐向我微笑，門牙顏色像烤過似的。然後我很主動的說要去買票。

這時候，姑娘跟我說：「買三張吧！我表姐也要一起看……。」

我當時內心咯噔下，心想看電影這麼私密溫馨的事，妳這個滿臉雀斑的大表姐跟著瞎摻和什麼啊？要是看完電影要去逛街還跟嗎？要是以後洞房花燭也要跟嗎？大姐妳怎麼這麼熱心呢？

但是我沒有表現出來，面帶微笑買了三張電影票、三盒爆米花，氣勢磅礴的帶著兩個女孩去看電影。我和姑娘坐兩邊，中間隔著大表姐，全程無話。

這兩人看得津津有味，但說實話，金剛的狂躁與怒吼都沒掀起我內心一點波瀾，好像還睡著了。

後來看完我就回家了，我記得當時電影票好像是九十元，雖然不貴，三張也就兩百七十元。但是我感覺這個過程比較蹊蹺。這哪是相親啊？跟新春團拜會似的。總之，就是特別彆扭，就算全國民族大團結，也不能總這樣啊！

時隔今日，當我的小孩上學面臨擇校，各種求人難受得唉聲嘆氣時，我也會偶爾心中閃現出這個女孩的身影，也曾回憶當年，做下各種假設。

不過，當我在啃豬蹄、吃肥腸時，內心又有點小小竊喜。肉確實挺香，另外能上好學校有什麼用，又不是我去讀，少來這招！

09 零分

有位朋友傳訊息給我說，有人想收購上市公司，大概什麼行業、什麼市值且能夠遷址，希望這個業務能夠由我來做。我告訴他，這個要了解一下狀況才能決定，他說可以，問我想了解什麼。

我告訴他我想跟收購人見面，要了解幾點：一、為什麼要收購？是否想的很清楚，還是只是吹牛湊熱鬧；二、是否有足夠的支付能力？別談得挺熱絡，最後卻告訴我，錢不是問題，問題是沒錢；三、對後續的資本運作和資產投入等是否有比較成熟的想法？對這件事到底有沒有基本概念與認知？四、收購人知道他找的仲介的行業地位嗎？有沒有特別的信任？

「這事怎麼這麼複雜呢？我還以為有人要買，很快的你這交易機會就提供過來，然後見面、談判、成交，最後就能數錢。然後，仲介費用裡面還應該有我一份呢！」

「併購撮合不是這種玩法。我說直白點，聽見有人要買，我就立刻動工，那我得不可靠到什麼程度啊？」

「也是，但是勞哥你放心，這個人找我不會有什麼大問題，要是他忽悠你，我也不會放過他。所以有我把關，你就放心做吧！」我說不可以。

對方說：「連我都不放心嗎？憑我們的交情，我會騙你嗎？」

我告訴他，一切眼見為憑，做職業撮合交易不能為不確定的事情做信用背書。另外，不是懷疑他主觀上會欺騙我，是擔心他對這件事沒有判斷力，客觀上不具備對交易機會的識別能力。

「這樣，我給你引薦，你們先見面，先開個視訊會議。」接著就發了對方的簡要介紹給我。

我看了一下，是家財務顧問公司，就是那種區域性的「野雞」機構。註明是併購精品投資銀行，但創始人年紀挺大，擔任什麼區政府多家企業改制顧問，為某些企業貸款、發債和股權激勵提供過諮詢服務什麼的。這麼說吧，資料上有著濃厚的鄉鎮金融機構色彩。

我說：「不見！」

「為什麼？給個面子吧！我拚命吹捧你，你就當幫我個忙。」

「不行，這不是幫忙，是在害你，浪費時間，也耗損你的信用，」我繼續解釋：「這不是什麼專業機構。另外，他們也是仲介，連收購人都不是。我雖然自已是仲介機構，但我幾乎不跟仲介機構打交道，鏈條太長，沒有意義。」

朋友繼續解釋，說這個機構受甲城市區國資平臺委託，要物色合適的上市公司控制權，另外正在幫助乙城市政府組建產業基金，基金設立後也準備收購上市公司。他們資源有限，所以才尋求幫助，希望能優勢互補。

我說：「我們的機會成本很高，會找比較可靠的交易撮合機會。舉個例子，前陣子，有家五百強企業老闆親自來見面溝通，基於對我們的認可，想讓我們收購一家A股[7]上市公司，目前能動用的資金在二十億元左右。集團資產利潤接近四十億元，讓我們同時進場盡職調查[8]，討論後續可投入的資產。

「看到了嗎？這才是可靠的交易機會，特點是溝通直接、有支付能力、有資產、有決策能力。更重要的是，有對我們的基礎信任。

「你這個政府財務顧問什麼也沒有，只是在中間插一腳，我們要是介入了，說不定他還會在政府面前吹牛呢，諸如『我靠個人資源協調了華泰證券……』我們確實沒必要啊。

「我們機會成本高，無論交易是否能成，首先要保證不能出差錯。所以，我們啟動交易撮合的事，沒有滿分十分也得有七、八分把握才可以，機率太低去投機，傷害實在很大的。」

朋友問：「那對比起來，我這個機會確實有點縹緲。我好奇，按照你的評分體系我這個機會有幾分？」

零分！

---

7. 也稱為人民幣普通股票，是指那些在中國註冊、在中國股票市場股票上市的普通股，以人民幣認購和交易。

8. 在簽約前，依特定注意標準，對合約或交易相關人的調查。

10 你們是零缺四

有位大哥慕名找到我們公司，開門見山的說想借殼上市。我呢，自然是熱情接待，聊得相當熱絡。

大哥非常豪邁，說先給整仨，我聽著都笑出聲了。我說：「大哥你搞收藏嗎？一開始就要買三個？」大哥說，要做就做大點。我動之以情、曉之以理、好說歹說，最後大哥才同意先買一個。

我大概解釋了一下，說現在的空殼公司都希望能找到最優質的資產，要是以現金買控股權，必須給溢價才行，大概的行情差不多需要六億元到八億元現金。

我小心翼翼的問：「你們……有錢嗎？」大哥很不屑的告訴我：「你放心吧！不缺錢。我們本身就是做投資的，只要有好的空殼，很快就能募集幾十億元來，你們做就結束了。」

我聽到還要募資，心裡略有擔心，建議他先把資金募集了，這樣談才穩妥。總之，要先有錢，才能有殼。

大哥說：「連殼都沒有，我怎麼募資啊！得先有殼，才有錢。」我說先有錢、他說先有殼，爭論半天互不相讓。我有點洩氣，提議先擱置爭議，繼續討論。於是我又開始靈魂拷問：「你們買殼，要用來做什麼？」

大哥依舊豪邁，說要借助資本平臺做大健康產業[9]的整合。最近在世界各地找到很多好東西，但就是因為沒有上市平臺，沒辦法證券化退出，所以也沒辦法收購這些優質的資產。若有了上市公司平臺，那就是如虎添翼，未來千億市值不是夢。

大哥的聲音在空曠的會議室裡都有回聲了……不是夢啊，不是夢！

我又說：「收購優質資產也需要很多錢……。」

9. 具有巨大市場潛力的新興產業，包括醫療產品、保健用品、營養食品、健康管理等與人類健康緊密相關的生產和服務領域。

大哥有點不高興的說：「勞總，你怎麼總提到錢啊？看我這一身，像是缺錢的人嗎？我渾身上下都名牌呢……如果有了上市公司平臺，境外那些優質資產收購就跟撿豆子一樣容易。

「沒有平臺，就無法組建專門收購境外資產的併購基金，所以沒辦法把資產掌握在手裡。這麼宏偉的藍圖，都卡在買殼這一關，得平臺者得天下啊！」

我說：「你們想募集資金收購空殼公司，再募集資金收購優質資產，最終實現注入滾動式發展，實現全球資源的配置和千億市值戰略，對嗎？」

大哥深沉的點了點頭，掏出個菸斗抽著，還不時吐著小菸圈，瞇著小眼睛自信的審視著周圍的一切……。

「那你們現在……有什麼呢？」我再次發問，大哥沉默不語。於是我繼續說道：「**資本運作四個核心要素：平臺、資產、操盤能力和資金**，你們都沒有，只有夢想。如果我能幫你實現夢想，我為什麼不做呢？上面這四個要素，就好像打麻將的四個人，如果三缺一很容易成局，二缺二也還有希望。」

「你的意思是……我們現在是一缺三？」大哥直起身來，好奇的問。

「不是，你們是零缺四，而我是那個一。」大哥被我說得有點失望，口氣沒有那麼堅定的呢喃著：「這件事我構思了很久，我認為是個邏輯閉環……。」

「不是邏輯閉環，是你自己畫了張餅，然後自己信了。」我說完，很認真的看了錶，大哥沒什麼反應，於是我又抬起胳膊看了一次。

大哥似乎明白了，湊過來溫柔的說：「勞總，你錶是什麼牌子的……。」

11 前車之鑒

大概在二〇一〇年左右，我痴迷於彈弓，經常週末就約幾個弓友去郊區撒野。我雖然技術平平但資歷較深，且經常總結關於彈弓技術的理論，在圈裡還算小有名氣。

這麼說吧，那時我在北京彈弓圈的地位，應該是比在投行圈還高，不知道高到哪裡去。到什麼程度呢？我當時還收了兩個徒弟，天天師父、師父的叫我。

我們經常去的地方，是位於延慶的一片荒草地。當時，我心愛的徒弟開著那種改裝的吉普大切諾基（Jeep Grand Cherokee），相當拉風、豪橫，可以征服一切路面，嗷嗷給力、剽悍無比。

但有句話：「淹死會水的，打死強嘴的[10]。」就因為車子條件太好，一般的小坑小溝都不在話下，直接開過去就好了，有種天涯任我闖的豪邁。

所以，只要是陷車，必然就是陷進大坑。

有戶外越野車經驗的人，應該有個概念：對於陷車，不怕坑、不怕水，最怕淤泥。尤其是每年春暖花開的季節，很多草地看不出有水，但是表面有冰雪融化成泥，下層還有凍土凍得老硬。

這種情形非常可怕，因為車一旦陷進去，隨著車輪捲起來的泥越來越多，會越撓越深最終輪子懸空，整輛車死死的卡在泥地裡。那種大面積黏合形成的膠著，需要巨大無比的力量才拖得出來。

我記得當時陷車時，天色已經快黑了。車開足了馬力，嗷嗷亂叫、直冒黑煙，但是眼看著越陷越深。我們知道完蛋了，必須尋求幫助，但那是荒郊野外啊！於是我們徒步幾公里到村裡，敲開一家農戶的大門。

延慶人確實挺熱心樸實。開門後，大爺聽完原委，二話不說直接搖著農用柴油三輪車，把繩子往車上一扔，叼著根小菸捲就出發了。

---

10. 比喻越是有本領的人，反而容易因疏忽大意而遭到失敗。

我們幾個站在三輪車斗上指路，說救援成功給大爺兩百元。大爺沒說什麼，只說了先做事，這點小事不在話下，言語間充滿了自信和灑脫。

結果，努力了一番後，不但我們的車紋絲不動，大爺的三輪車也陷進去了。他從三輪車上拿了把鐵鍬拚命挖。自信的表情逐漸消失了，頭上開始冒汗。

我安慰大爺說：「別著急，救援成功了再多給點。」大爺說：「什麼多給少給，我自己都渾身是血呢！哪裡還顧得上給別人療傷！」

後來，他打電話給自己的女婿求助，過了半個多小時後，來了輛大型重卡。我們感覺這下沒問題了，這個大傢伙真是相當有勁的。這時候，不知道從哪裡來了幾個看熱鬧群眾，各種交頭接耳、議論紛紛。

重卡真不是蓋的，先把大爺的三輪車拉了出來，大爺說聲再見，開心的走了。接著重卡也準備離開，我們立刻抱大腿哀求：「大哥你不能見死不救啊！你走了我們怎麼辦啊！」

又是遞菸、又是說好話，大哥猶豫了一下說可以，但是需要一千元的報酬。我們咬咬牙說沒問題，就請他幫忙了。

結果，重卡沒把車拉出來，重蹈覆轍也陷進去了。司機大哥埋怨我們，也恨不得搧自己幾個耳光。為了一千元，讓自己這麼大的車也陷進去了，後來大哥打電話叫了一位車友，也是開輛重卡。費了半天勁，總算把他的車給拖出去了。

於是我們提議，他們兩輛車應該攜手，幫我們把大切諾基救出來。「你們來都來了，就這麼走了也太不講義氣了。」但因為有前車之鑒，不管我們怎麼說，這兩位大哥頭搖得彷彿波浪鼓一般，跳上車，就消失在北京郊區的茫茫夜色中。

我們幾個心情真是懊惱又絕望啊！這北京遠郊區離家有一百多公里，前不著村、後不著店的。該怎麼辦呢？

我大膽提出了個建議：「要不然，大家叫車回家，把車扔在這吧！等過幾個星期，春天來了，土地都被吹乾了，我們再回來牽車。」但是我徒弟，也就是車主果斷拒絕，說：「師父，你這算什麼主意啊！你這是為了省事，犧牲了我！」

當時已經接近晚上十點，氣溫也降到零下，我們幾個真的是「默默無語兩眼淚，耳邊響起駝鈴聲」。到處打電話尋求幫助，只差沒報警求助了。

後來，有個哥們兒說聯繫了輛挖土機（怪手），跟坦克差不多、帶著履帶的那種。我們等了挺久，挖掘機終於轟隆轟隆的來了，最後真的有用，費了好大的勁才把車給拖了出來。

那個場面我清楚記得，幾乎看不到車輪轉動，硬是把車從泥裡拔出來。就好像是從田裡拔蘿蔔一樣。我們幾乎含淚歡呼、相擁而泣，最後把身上所有的現金都拿出給來給挖掘機師傅，好像花了幾千元吧。

把車從泥地裡拉出來時，那個狀況只有一個慘字可以形容，只見泥而看不到車。改裝車在自救時，車輪帶起的泥幾乎把車身都塗滿了，車身上下被厚厚的裹了一層，而且都乾成了泥殼子。

不誇張，這哪是切諾基啊？簡直就是裹著泥被烤乾的叫化雞！

* * *

我們啟程回北京，車在高速公路上也開不快，帶著厚厚的泥殼，時速也就不到八十公里而已。路上真是道亮麗的風景線啊！引來無數車輛側目。但我們也顧不得什麼形象了，耗時將近兩小時開到了天通苑[11]，準備找地方洗車。

洗車小夥子看了一下，說至少要八十元，我們說可以。頃刻，老闆娘進來拒絕，說至少要兩百元，否則不接，我們也說行。

花了一個多小時，先澆水把乾硬泥殼都淋溼，再拿木棍慢慢往下挖，真是個力氣活啊！幾個小夥子累得滿頭大汗。

結果，結帳時傻眼了，我們身上都沒錢了！

好在洗車店老闆娘跟我徒弟認識，說明情況後，承諾第二天再來付錢，這件事總算解決了。我們突然發現還沒吃晚飯呢！想從洗車夥計那借點錢吃飯，被他微笑婉拒了。覺得很鬱悶，肚子也開始咕咕叫。

俗話說：「老天爺餓不死瞎家雀兒[12]。」徒弟在車裡找啊找，找到了十元。天啊！有錢吃飯了。於是我們走到旁邊小吃部，丟給老闆十元，說想吃飯。

11. 天通苑是一九九九年由順天通房地產開發集團建設的大型社區，被譽為亞洲大型社區。
12. 比喻人的生活能力再怎麼差，也有辦法生存下去。

老闆聽到笑了笑說：「十元能吃什麼啊？」這時老闆才突然看到我們四個，嚇了一跳，「什麼？而且還是四個人。有沒有搞錯啊？」

我們把剛剛的遭遇簡單解釋一下，激發了老闆的同情心，說：「原來是這樣啊！沒問題，肯定讓你們吃飽。」

那天半夜，我們四個大男人，圍著一大盆米飯、一盤炒馬鈴薯絲和一盆鹹蘿蔔，吃得津津有味。最後，老闆還做了份番茄蛋花湯，我們喝得直冒汗。

雖然沒有酒，也不影響我們說仗義話，把剛才準備棄車的事都忘了，儼然都是共患難的生死弟兄。

於是，大家又開始計畫下次的郊區之旅，言語間充滿了豪邁。然後，下個星期我們又去了，一路上依然歡聲笑語，在相同的地點，車又陷了⋯⋯。

12 我遭遇的那些尷尬

有次在訊息上，朋友引薦了個重要客戶，對方很客氣的對我說久仰大名。我本來想回覆「初次見面幸會啊！」，但是一不小心打成了「初次見面幸會吧！」，結果對方回覆說「是的是的，十分幸會」，場面一度陷入沉默。

手寫輸入法有時會鬧笑話，尤其開車或者著急時。

比如，約監管部門主管彙報專案，對方說沒時間，下週再安排。本想溫柔回覆「好的」，結果不小心回成了「媽的」；或是，客戶約喝茶聊個專案，本想回覆「好的」，卻不小心打成了「好餓」，自己也沒發現。過了許久，客戶回覆：「不好意思，我晚飯有約了，不過茶館好像有簡餐，像是麵條、水餃什麼的。」

出差時，客戶來接機。見面後對方熱情伸手，我立刻配合的把背包遞過去，對方略有停頓但還是接過來背了。後來一聊才知道，對方是老闆親自來接我，剛才人家應該是想握手。唉，大意了！

＊　＊　＊

為方便記憶，手機聯絡人偶爾會用簡稱儲存，比如張外賣、李國資或陳杭州等。有次跟一個在珠海的周姓客戶通話完，存號碼時不小心用成簡訊發出去。對方大概很困惑，回覆問道：「周珠海是什麼意思？」我只好圓場說：「想問一下這週您在珠海嗎？打算當面拜訪您……。」

跟客戶約了搭乘同班飛機一起去出差，原本想一路上談笑風生，結果上飛機發訊息問客戶：「我在66H，要過來嗎？」客戶說：「我在2A過不去……。」

平時人見多了，且有輕微臉盲，有時不免有點小尷尬，經常會在遞名片時恭敬的說請多關照，對方卻笑說：「勞哥，我們見過。」然後我只好裝作恍然大悟的樣子說：「對對，原來是你啊！換了衣服都認不出來了！」

在機場的麵店用餐時急著充電，於是拔了腳下的插頭，不久後有個小姑娘滿頭大汗的趕來說：「大哥，那是哈根達斯冰箱的插頭。」吃完後想用微信付錢，掃了幾下都失敗，收費小妹說：「先生，您這好像是加好友的條碼……。」

老婆帶孩子出去玩，我以前沒用過洗衣機，研究了半天，小心翼翼的放了衣服進去，又有模有樣的倒了洗衣精，瀟灑的按了啟動鍵，我自己就出去玩了。半夜回來收衣服，吹著口哨、貌似熟練的把衣服都掛起來，心想全自動洗衣機就是厲害，衣服居然都甩乾了。掛到最後感覺有點不太對勁，抓起襪子聞了聞，原來根本就沒有洗。我坐在沙發上陷入了沉思，怎麼說呢？還是敏感和習慣性機智救了我，要是衣服沒洗也沒發現，老婆回來以後肯定會笑我。

參加某ＴＭＴ（數字新媒體）產業領域的高峰論壇，我跟同事都西裝革履、風度翩翩，結果發現全場除了我們兩個，只有服務員和保全穿正裝，搞得我們好沒自信。後來出來門口待會兒，背手挺胸做英姿颯爽狀，就有好幾個人過來，問我們洗手間怎麼走……。

13 哎呀，大意了

某次出差，初次拜訪新客戶，相談甚歡，飯後客戶安排司機送我去高鐵站，一行人與我雙手緊握、不捨告別，同時公司副總把兩個手提袋交給司機，放在副駕駛座上。我蹺著二郎腿昏昏欲睡，很快就到了高鐵站。

車門自動開啟，我坐在位置上紋絲不動。司機說：「勞總，到了。」我緩慢起身，邊取行李箱，邊裝作不經意的問：「哎，我說那兩個紙袋……是給我的吧？」司機無辜的眨了眨眼說：「不是！」

哎呀，大意了！在等高鐵時自己也笑了，也覺得這是挺好的段子素材。於是就發文描述了經過，並做了深度的剖析和調侃。結果萬萬沒想到，被剛加微信的客戶看見了，還安排辦公室主任專程打電話給我。主題就兩個字：道歉！

辦公室主任說了好多次對不起，說袋子裡確實是準備給我的小禮物，是司機失職疏忽了。要我給他地址，他會再安排郵寄給我，請我多多海涵等。場面說有多尷尬，就有多尷尬。

其實在那個瞬間我大致明白了。我不相信這是司機的疏忽，應該是為了避免我心胸狹窄、懷恨在心，才來圓這件事。

我這什麼形象啊？沒準備小禮物，下車還主動討，不給就發朋友圈撻伐，為達目的、不擇手段，也算資本江湖的著名狠人啊！

為了緩解彌漫在空氣中的尷尬，我很無奈的用力解釋：「我是開玩笑的！只是調侃一下，並非真的在意，這不算什麼大事。逗你們玩呢！千萬別當真！」

對方很認真，堅持要拿到我的地址，說老闆有囑咐，必須照辦，否則他很難交代。我想想也是，推辭不過便給了地址，然後便發微信給客戶表達謝意，對方連說失禮。

經過這番折騰，說實話我對紙袋中到底是什麼東西，還真產生了點好奇，想想到時候就能知道了，對於即將到來的包裹，甚至有點拆盲盒的期待感。

最後，幾個月過去了，快遞也沒來⋯⋯。

14 別跟我兜圈子

某天，年輕同事發訊息給我說：「勞哥，有件事跟你說一下。我們專案現場客戶有位財務部經理，說想請你去演講，不知道是否方便？」

我說：「沒什麼不方便的，既然是客戶該維繫就要維繫，把我的微信推給他吧！讓他直接找我。」頃刻，微信上就有人加我，訊息提示顯示：「勞總，有重要大案子要與您合作……。」

我當時有點詫異，不是演講嗎？怎麼說有案子合作。難道是系列演講被稱為專案嗎？或者是巧合，說演講的並不是這個人。

我內心充滿了疑惑，於是就將微信申請頁面截圖發給專案組年輕同事，他回覆就是這個人。

其實，在那刻我內心就感覺有點彆扭。他找我不管是基於什麼目的，都沒有必要跟同事說是演講，但直接找到我又說有專案。我初步判斷，這人要麼是平時說話就這樣含糊，要麼就是沒什麼要緊的事，單純想接觸我，我內心略有抵觸，也略有好奇。

我還是接受了他的好友申請，想知道他找我到底有什麼事。

微信上，他很客氣，說了幾句恭維的話，就告訴我有一單借殼的案子，希望能跟我合作。我說：「你們不是已經在操作借殼了嗎？我們專案人員都在現場工作呢。這單還沒有結束，怎麼就又有什麼借殼案子，你們難道集郵嗎？」

他解釋，他最近離職了，去另一家企業擔任資本營運部副總，目前剛報到十幾天。企業挖他過來，就是專門幫助企業資本營運的，核心的想法就是想在A股買殼，再投入優質資產。

用他自己話來說，是老闆給了他尚方寶劍全權負責這事，現在正在面試、遴選證券商，希望能有機會跟我合作。

我說：「這樣吧，你們大概準備多少資金？老闆對這事態度是否明確？後續投入資產大概是什麼？我們也好有個初步判斷。對了，你新東家是哪個企業，我先讓同事查一下背景資料。」他卻說這事涉及機密，必須當面談，在電話裡說不清楚，希望能夠盡快見面。

「下星期初應該可以，但我公司會議排得有點緊，週一上午和週二下午三點後都行，我叫有經驗的同事一起，我們開個會，有個初步的判斷。」

對方遲疑了一下說，他們公司在東三環，是否可以到他們辦公室聊聊，順便再引薦財務總監給我認識。我告訴他時間排不開，等有空再約，就掛斷電話。

*　　　*　　　*

其實，這個時候我內心已經有了這個人的定位了。他大概職位不高，人也不是特別可靠，就喜歡耍小聰明。到新單位擔心自己打不開局面，想找點能拿得出手的人過去談談，主要是想替自己背書、撐場面。從他角度可以理解，但對我而言有點浪費時間。

晚上下班途中，他打電話來詢問：「您這會兒方便接電話嗎？」

「抱歉，我在開車……。」我說，但他並沒有掛電話，而是繼續問：「勞總，您週三可以嗎？我在辦公室恭候您。」我又再說一次我在開車，但對方也沒有要掛電話的意思，繼續問這週哪天有時間，他都方便。

我說：「這週都排滿了，後半週有出差，排不了，抱歉啊！」

「那下週或者下下週呢？總不能一直都是滿的吧？」對方追問。

「哥們兒啊，我案子確實有點多，精力有限，服務品質不太能保證，另外，我對你的事不是特別感興趣，不好意思啊。」

唉！這人還不如直接跟我說：「勞哥，我換了單位初來乍到，能否過來喝杯茶，幫我撐一下場面，我也好在主管面前露個臉。」說不定我就答應了，類似的事也不是沒做過。**比較煩的是總有人感覺自己特別聰明，想算計別人。**你以為自己是誰？

第四章

有多大腳，就穿多大的鞋

01 有多大腳，就穿多大的鞋

最近常有投資機構來找我，希望我能幫忙賣掉他們的投資企業。簡單來說，就是想透過併購退出投資。

很多投資機構，尤其是規模比較大的，之前撒胡椒麵似的投資很多企業，企業也各不相同，本身符合首次公開募股基本條件的就占少數。就算符合條件，從規範到申報、從審核註冊再到發行，還有後續股票解禁等，週期相當漫長，企業有時候也等不了。

當然，有些機構運氣不錯，首次公開募股成功了。但那又能怎麼樣呢？主要是上市後，股價也不是很有幫助，市場的估值中樞持續下降。尤其是那些規模不大、成長脈絡不是很清晰的企業，上市後，反而有點「見光死」的感覺。

當初一級市場的「小甜甜」轉眼就變成「牛夫人」，一、二級市場價格倒掛似乎也見怪不怪。簡單來說，就算成功上市了，單純靠流動性套利就能盆滿缽滿的時代，已經徹底結束了。

同時，有限合夥人也給了企業不小壓力。基金馬上要到期了，錢呢？怎麼說呢？透過併購退出投資的邏輯我還是贊同的。畢竟不是所有的公司都具備首次公開募股的條件，可能多數公司最好的歸宿，就是被賣掉。

更何況，有這麼多小市值上市公司準備透過併購實現成長和轉型，買賣兩方的交易訴求都非常強烈。乾柴烈火，就差點燃了，併購市場即將迎來大爆發。但實際上，投資機構找過來的案例，想成交也實屬不易。

首先，要解決交易訴求的問題，尤其是創始股東。遇到財務投資人的交易訴求，我都會問：「創始股東同意嗎？」得到的回答都信心滿滿，有些人還能帶創始股東一起來。

當然，幾乎所有創始人都會說：「我們對於後續資本化抱持著開放的心態，也充分尊重財務投資者的退出意願。畢竟在企業困難時，他們也真金白銀的支持過我們。」

話說得挺漂亮，但客觀情況可能會有不同。

其實，很多類似情況是「皇帝不急，急死太監」。財務投資者提出這個想法，而創始人也不好直接拒絕。

道理也不難，雖然大家都是股東，但創始人很難真的從解決財務股東問題的角度，思考企業的未來。簡而言之，併購只能是各方意願的重疊與競合，財務投資人不能對自己的影響力過於自信。

*　　*　　*

通常簡單聊幾句就能判斷創始人的真實想法，若真的要賣，會有很明確的思考邏輯，像是對事情發自內心關注、明確表示自己想要什麼、交易條件和方案上有哪些想法等。相反，創始人如果眼神迷離，或者表態都聽財務投資人的話，自己怎麼樣都行……很大機率是鬧著玩的。

這點是最關鍵的，也是交易的前提。

剩下的就是對於交易條件的預期了，有些財務投資人明確表示不能接受交易的浮虧，這是沒道理的。不能因為你成本高，所以必須找人高價接盤，這並不理智。尤其很多潛在購買方是上市公司，不僅要考慮商業層面對方能否接受，還要考慮能否通過監管這關。

什麼樣的價格才是合適的呢？

我經常舉的例子是，賣家喊出來的價格，如果十個買家聽到後，有七個感覺太貴、三個願意過來談談，這就是最有效率的報價。

若每個人聽到後都感覺價格合理，肯定是開價低了；而要是所有人聽完都罵了句娘就走了，就說明價格肯定是離譜了。

當這個現象出現後，應該調整自己的預期，而不是再換十家看看有沒有冤大頭。簡單說，併購的成交價格，是出錢的人決定的，不是喊價的人決定的。

一句話，**有多大腳，就穿多大的鞋**。

02 小市值公司的轉型之殤

最近經常有小市值的上市公司過來，核心目標是討論未來到底如何發展的問題。這類公司的特點是主業傳統且遭遇天花板、沒有退市壓力但不怎麼賺錢、市值基本上低於三十億元、主業看不出未來的發展、在資本市場也失去了融資的吸引力等。當然，股價波瀾不驚，屬於被主流機構投資者遺忘的類型。

我查了一下資料，A股目前有五千多家上市公司，其中，市值低於六十億元的超過六〇％、低於三十億元的大概占二五％，數量超過千家。

這是個非常龐大的資料，這些公司進入資本市場後，多數面臨如何借助資本市場發展的問題，有很多的掙扎與困惑。他們到底該何去何從？

多數公司的主業肯定是沒什麼大戲了。老闆辛苦做了幾十年，作為行業細分龍頭和翹楚在首次公開募股的獨木橋中勝出，有上市公司平臺和首發融資支撐，這些條件都沒有換回爆發性增長。

這些不是靠老闆努力就能實現成長的，每家都各有苦衷和無奈。有些行業天花板就那麼高、有些老闆的能力也就那樣，當前各種局勢的變化、國際環境帶來的對外貿易的波動、人口紅利的減弱及產能外遷等，還有國內各種激烈競爭。一句話，很多企業是勉強維持下去的。作為最樂觀、堅韌的企業家們，也看不到光明的未來。

似乎是必須轉型，但提及轉型，問題就來了。方向如何規畫？機會如何把握？轉型週期如何安排？團隊和競爭優勢又在哪裡？很多老闆這輩子都聚焦在自己的行業，埋頭苦幹而很少抬頭看天，對於企業跨行業發展的戰略基本上沒有想過，普遍也能力不足。

當迫於形勢要轉型時，發現確實很難，核心邏輯是每個行業的競爭廝殺都非常慘烈，轉型意味著行業新兵要能夠戰勝別人，明顯是個機率很低的事件。

結論，只能透過併購實現轉型。

畢竟，能夠進入視野的被併購企業已經具備規模，也歷經創業期的各種廝殺，在市場中樹立了相對的競爭優勢。另外，整個團隊建立也較穩定齊全。

*　*　*

併購不是拓荒、不是種樹，而是在樹林裡摘果子。尤其是那些需要借助資本市場融資，或者提升影響力才能長大的企業，合作是有增量協調和雙贏邏輯的。

那麼，什麼樣的標的是合適的呢？什麼樣的併購交易是具有可操作性的呢？A股上市公司的併購還是有挺高的門檻，不僅交易能夠拿得下，後續整合還得順利進行，更重要的是，能夠獲得監管和公眾投資者的認可與祝福。

一是標的要有盈利。

目前的A股還是按照市盈率估值的邏輯，沒有歷史盈利就很難證明未來賺錢的確定性，同時虧損企業會導致上市公司每股收益的攤薄，容易導致股價下跌，股東大會網路投票就很難過關。

另外，併購交易的動機會被懷疑。如何能夠自證併購的商業邏輯不是利益輸送？最終會陷入死局。

是不是盈利就行了呢？顯然不是。盈利的數字至少要覆蓋原有業務的虧損，起碼併購重組後上市公司能夠盈利，簡單的減少虧損的邏輯也是很難被認同的。

當然還有利潤的問題，最好能夠有幾千萬元，否則被併購企業的抗風險能力也弱，後續遇到一點風雨就很容易虧損。

簡單說，跟擇偶考慮差不多，體格要能經得起折騰才行，否則如何面對人生中的各種艱辛呢？

那麼，利潤到底要有多少才可以呢？這沒有什麼固定標準。就我的觀點，最少每年稅後三千萬元打底，超過五千萬元才算可行。其實這個標準已經是非常嚴格了，已上市企業能夠實現超過五千萬元利潤的，又有多少家呢？

二是被併購企業有明顯的成長邏輯。

利潤能夠達標，但看不到穩定的增長也不行，資本市場講究的就是未來的預期。最好能在穩定利潤的基礎上有個美好的未來，今年五千萬元，明年六千萬元，後年就能八千萬元。

然後，能有個核心的爆品或者業務，不一定強但天花板足夠高，能給資本市場講個好故事。簡而言之，看過去有跡可循、看現在效果非常好、看未來有無限可能。

三是最好能證明有整合能力。

這點確實有點難，很多小市值上市公司從來沒有跨行業發展過，也很少有併購整合的經驗。這裡頭其實有個悖論，想發展就需要跨行業轉型，轉型的同時還需要證明自己有很強的整合能力。

在剛開始併購時，人人都是十足的新手，經驗的累積總是需要過程。很多跨行業的整合能力，需要向監管和市場進行論證說明。看過很多跨行業的整合措施論述，確實很難自圓其說，但態度都很誠懇，措施也都差不多。大概的邏輯就是，我是個有責任、有擔當、有能力的好人，相信我可以搞定，措施有如下各種……。

四是方案設計也要合理。

比如，要避免明顯的「三高」——高估值、高盈利預測、高商譽。簡單說，無論是估值還是盈利預測，最好是偏保守且有支撐邏輯。當然，最好避免高商譽，但在交易實踐中確實很難避免。

商譽本質是被併購企業的商業價值體現，但後續確實對合併後的損益表有很大的影響，尤其是後續並沒有達到之前預期。

邏輯、邏輯、還是邏輯！

簡單說，關於估值定價和未來預期盈利，不能看起來特別離譜，又沒有合理性支撐。在面對市場和監管時，不能被問住。上市公司併購在商業條件上享有有限的自由度，不是你情我願就可以，還得接受市場檢驗。這都是能夠做成的前提和基礎。

就交易途徑而言，最好避免類借殼和三方交易，方案設計別過度討巧、打擦邊球。這不是個貓鼠遊戲的時代，看著有幾分老鼠的樣子就相當危險，很快就會被吃掉的。

五是必須避開敏感行業。

有些行業併購的操作難度很高，除非是同行業整合。諸如影視、網路行銷、教育、網路遊戲等行業是被重點監管的，或者曾經被點名過的。此類行業作為跨行業標的，挺有挑戰性。有些行業在A股歷史上留下過不好的印象、有些行業自身的規範難度比較高，基本上做不成。

其實，能夠符合以上幾個要求的被併購標的確實不多，尤其是目前IPO註冊制的背景下，很多有品質的企業都自己獨立上市了。

從這個角度而言，符合條件又有被併購意願的標的企業簡直是鳳毛麟角。而要是這些企業都獨立上市，命運其實也差不多，也都變成了小市值公司，到處在找併購標的。

大家都變成了獵人，最後發現沒有獵物了。

03

業績對賭，是解藥還是毒藥？

在上市公司併購重組的談判和方案設計中，業績對賭[1]十分常見，尤其是對於收益法估值的交易中，絕大多數都進行了業績對賭安排。

但是，在境外成熟市場的控股權交易中，業績對賭卻非常罕見。就算是A股併購重組交易，只要涉及境外資產和境外交易方，對賭基本上就沒辦法達成。

從這個角度來看，業績對賭可以算是A股特色了。這件事只有A股有，單憑這點就值得琢磨。

多年來，關於業績對賭的討論幾乎沒有停止過。有人認為它是好東西，對估值能有效支持，還能約束被併購方的後續義務，避免因被併購方能力不足，而讓作為買家的上市公司踩雷，有利於保護上市公司及中小投資者的利益。

當然，也有人認為業績對賭違背了併購中的基本商業邏輯，容易操縱股價，阻礙有效整合，容易讓併購陷入短期利益導向，也不利於買方形成價值判斷能力，進而形成併購選擇能力。

簡單來說，對於上市公司而言，業績對賭有點像拐杖。有人說，有了它走路就不怕摔倒；也有人說，總是拄拐杖是沒辦法學會走路的。

從併購實際操作的角度，我傾向於後者的觀點。併購是商業行為，理順背後的商業邏輯是最為重要的，這應該是事物的本質。

先探討一下，業績對賭是否合理？

有人說：「挺合理的啊！既然你說賣給我的企業未來能賺多少錢，而且估值作價也以這個為基礎，那麼對未來業績有預測且有承諾，這樣多合理啊？否則，怎麼可以讓你吹牛還不負責任呢？說到就應該辦到才對。」

這大致是業績對賭合理性中，最樸素的觀點了。

1. 融資時，投資方為降低風險會建立協議，規定根據目標估值變化，要求一定的賠償或退出價格。在英國、美國等地區受契約自由的保護，在中國存有爭議。

其實，還真不是。上市公司併購絕大多數是控股型交易，交易完成後由買方控制企業並實施整合。

後續業績沒達預期，這件事有點複雜，可能是對被併購標的價值判斷錯誤，也有可能是整合措施不到位，還有可能是因為其他雙方都不可控的因素等。

很難簡單歸結為被賣家欺騙了。就好比你買了頭小豬，後來養不肥或生病、死了，你找賣家想退錢，肯定是行不通的。

就個人觀點，買賣雙方的利益和風險在交付時就應該完成轉移。交易達成等於買家認可標的公司的預期盈利帶來的潛在價值，買家規避風險的首要方式應該是不買，而不是要求賣方對後續利益負責。

說白了，擦亮雙眼，買者自負。

有人說這個道理沒問題，但是上市公司有特殊性，畢竟上市公司背後是中小投資者，而且上市公司併購重組經驗不足，給予其適當保護也是應該的。

我認為這個邏輯也有點牽強。上市公司規模一般都不小，不能簡單說是弱者，中小股東是弱，但操持併購的通常都是管理層或者大股東。另外，就算併購經驗不足，那也不應該是單方受保護的理由，不能因為弱就有理。

市場競爭就是博弈和弱肉強食，最該保護的是交易的公平性，而不是單方利益。對一方利益的保護，就是對另外一方的侵犯。所以這件事從交易本質來講，確實不合理，而這種不合理帶來的扭曲，會貫穿整個併購交易和整合的過程。

*　*　*

在併購的實際操作中，也因此各種麻煩不斷。而在交易談判中，業績對賭總是談起來特別費力。像是：

「我賣東西給你，後續達不到預期你要我負責補償，那你支付給我的股票後續要是跌了，你會補償我嗎？」作為賣家的被併購方說。

「那可不行，股票的漲跌屬於市場行為，你持有股票就需要承擔市場風險。」作為買家的上市公司這樣答。

「那你買了我的東西，後續好壞也要自行承擔，這樣才公平和對等。」

「業績對賭是慣例，這體現了對中小投資者利益的保護，你得理解才行。」

「併購換股後，我也是上市公司中小投資者，為什麼就不保護我呢？」

至此，上市公司和投行面面相覷、默默無語。這相當有道理啊！

另外，賣家也提出若後續三年有業績對賭，那麼併購後三年內整個經營必須由自己掌控，否則無法形成權利和義務的匹配。說簡單點，要是對方作為買家經營搞砸了還要求他來賠，那他絕對拒絕。

其實這點非常要命，導致很多上市公司併購就是簡單的合併報表，不只無法有效整合，有些連併購後的管控都出現很多問題，大大增加後續整合風險。

那麼，業績對賭能保障上市公司的利益嗎？

通常業績對賭是三年左右，很多併購交易中賣家為了完成業績對賭會採用非常規手段，要麼財務作假、要麼寅吃卯糧。這也是很多併購重組過了業績對賭期業績變臉的直接原因。

簡單說，業績對賭並沒有從根本上解決併購交易的合作雙贏，某種程度上其實對交易整合是種傷害。能接受業績對賭的小股東，多數是沒打算長久「跟你過日子」的。

還有其他極端情況，很多交易中，賣家換股後把股票進行了質押，後續業績對賭不達標時也沒有能力補償，處於躺平的狀況，類似的司法糾紛也很多，讓業績對賭這種保護最後流於形式。總之，依賴於事後救濟並不是個好方法。

那麼問題來了，為什麼上市公司併購重組中業績對賭如此普遍？

其實，重組辦法早已經取消了業績對賭的強制要求，理論上是由交易雙方談出來的。而且，上文分析了，業績對賭從商業邏輯而言也沒什麼好處，那它在A股併購重組中普遍存在，到底是什麼原因呢？

首先，上市公司作為買家的併購能力不強，需要依賴與對方的業績對賭來做併購決策，尤其是涉及跨行業併購的。

簡單來說，有業績對賭也未必有好結果，但沒有對賭上市公司還真不敢買。對方不對賭，上市公司怕踩坑；但其實，對方對賭也不影響踩坑，唉！

其次，併購交易雙方都希望能有明確的業績預期，進而對股價形成支撐。尤其是套利邏輯的併購，股價上漲是雙方共同的利益導向，而盈利預測和對賭有利於股價上漲。

在實踐中，就算交易雙方都對盈利預測結果過於「樂觀」，基於股價利益也很難形成博弈對抗，而形成交易雙方都預設的「合謀」。有這種樂觀的合謀，就能理解為什麼很多業績對賭都是一地雞毛[2]了。

另外，業績對賭也能為併購交易的順利進行護航。沒有業績對賭對交易估值的支撐，併購交易行為可能根本就走不下去。比如，獨立董事不簽字怎麼辦？股東大會不通過怎麼辦？後續對估值合理性如何解釋等。

併購實踐中，沒有業績對賭的交易確實也是舉步維艱。

這麼說吧！業績對賭的出發點是好的，但效果不算太好，而且容易劣幣驅逐良幣，形成逆向篩選。讓那些缺乏能力的買家、喜歡愚弄買家的賣家，還有基於股價套利的併購重組更容易發生和過關，而真正符合商業邏輯的產業併購和整合卻很難實踐。

業績對賭是規範併購的解藥，還是傷害併購的毒藥，確實值得各方思考。或許，應該禁止業績對賭才對。

04 買方須謹慎，賣方要堅決

併購對於企業發展的重要性不言而喻，經常說「沒有哪家世界五百強企業不是透過併購才成長的」。潛臺詞即是，想做大做強，單靠內生式成長是不夠的。

其實這個邏輯沒有錯，但是並非意味著企業持續併購，都必然會成為世界五百強，若企業持續進行併購，很大機率是會失敗。因為對於單次併購而言，失敗機率也是明顯大於成功機率的。

這就是倖存者偏差，道理依然不難。因為世界上的企業千千萬，五百強畢竟就那麼多，成功者都是踩著失敗者的殘骸過來的，這也是自然界的競爭法則。

先界定一下，併購的成功標準是什麼？

2. 出自中國作家劉震雲。原指極為平庸、瑣碎的生活，後引申形容一件事雜亂無章。

就個人觀點而言，只要併購最終被驗證達到了當初預期，就算成功。因為不同的併購有不同的目的，比如，有些併購是為了獲取資質，類似借殼上市，這類併購成功機率並不低。

不過，也有些人認為這樣的操作不是併購，產業整合或者投資邏輯併購成功的機率就不高了。併購的成功包括兩方面，交易的達成和整合達到預期，就是交易能搞定，後續也能控制場面。這麼說吧！某單併購在若干年後回頭看，並沒有腸子悔青[3]、如鯁在喉，那基本上就算成功。這樣聽起來標準似乎不高。

併購交易幾乎每天都會發生，併購初始也會有很多理性的考慮和估算。那麼多菁英在論證和決策，還有專業機構保駕護航，每單併購的發生和推進都不是兒戲。這些都難以保證多數併購能達預期？

是的，而且失敗的比例非常驚人，據說有超過八〇%的併購，最終效果都不好。這個數字其實是客觀的、是作為併購專業人士不願面對的。

這意味著，我們辛苦工作，讓客戶付出昂貴的費用，最終八〇%的機率只為對方增加麻煩，是不是聽起來很讓人絕望呢？

也有人安慰我說：「兄弟啊！不是所謂成功才有價值。併購發生本身就是資源配置過程，而失敗的併購是通往成功的必要方式。「併購就算失敗，後續還會有資產出售、破產，最終讓合適的資源找到合適的主人。所以不要從過程斷定這份工作的意義，要從結果來看，凡事要有高度才行。」我想想，似乎也有道理。看來之前的理解還是有點狹隘了，要從整個社會資源配置效率角度思考，只要站得足夠高，肯定會找到自己心儀的理由。

*　*　*

那麼為什麼多數的併購都不容易成功，這裡面有怎麼樣的邏輯呢？若只有約二〇%的併購是成功的，是不是意味著企業不進行併購才是最理性的？多做多錯，直接躺平就是最佳選擇呢？從併購的驅動角度來思考，併購為什麼會發生？

3. 由於人死後，腸子會因靜脈血沉積而變為青紫色，所以用「腸子悔青」形容後悔至極。

那就是買家願意買、賣家希望賣，民法上叫做意思自治，俗話叫做你情我願。

那麼先理清出售邏輯：賣家為什麼要賣呢？

當然，併購賣家都各有理由，像是戰略性調整（這塊不想做了），或是自己有流動性壓力（選擇最優資產變現）。理由大概是忍痛割愛，各種捨不得。

其實，多數賣出的動機是對未來不看好，或者是在特定交易條件下不看好。簡單而言，對未來持悲觀預期或者價格很難拒絕。

那買家為什麼要買呢？大概邏輯有幾點，要麼是對未來樂觀，認為企業前景會很好；要麼是認為自己整合能力很強，對後續的併購抱有期待。

這麼說吧！相對於賣家的悲觀預期，買家做出購買決策是樂觀估計。其實，交易達成都是買家的樂觀預期與賣家悲觀預期的競合，股票的集中競價道理也相同，成交價格就反映著彼此觀點的差異。

那麼這種觀點差異，誰會更接近事實真相呢？毋庸置疑是賣家，因為賣家具有絕對的資訊優勢，有句俗語叫「買的沒有賣的精」。

另外，以買家而言，基於樂觀的假設做出的併購意向，無論多麼謹慎，底層邏輯都是樂觀的。買家會列出各種積極的假設自我說服，而這些樂觀的假設可能並不存在。

還有個問題，買家為什麼會買到呢？通常賣家都會有競價程序，或者在市場中詢價，尋找更有利的買家。從這個邏輯而言，買家之所以能夠成交是因為出價最好，也就是說，跟其他競爭對手相比，表現出來的樂觀情緒也最強。

簡單說，掌握全部資訊的賣家不看好，但作為局外人的買家相當樂觀，且給出最高條件擊敗所有競爭對手。因此，照這幾個邏輯，買家已經輸掉幾成了。

這是依照併購交易雙方通常的交易位置決定的，當然也有極端狀況，比如賣家因特殊原因被買家撿了便宜，但這應該是個案了。

還有個重要因素，就是整合帶來的不確定性。正如有句歌詞唱道：相愛總是簡單，相處太難[4]！企業併購畢竟是很大的變動，而比較併購交易而言，整合又更為複雜。

4. 出自任賢齊一九九六年的歌曲〈心太軟〉。

有資料統計顯示，多數的整合是不達預期的，之前預想的併購協同沒有出現，倒是整合中會有各種矛盾和餿主意，包括文化衝突和利益協調不順等。這時候也容易被競爭對手挖牆腳，導致團隊或者客戶流失。

核心邏輯還是兩點，首先是買家面對陌生企業甚至陌生行業，能否比之前的股東在企業整合營運上更具有優勢？其次是併購這種變動給企業帶來的影響，正面和負面哪個機率更大？這個答案應該是挺確定的，整合中機會與風險肯定是共存的，而且風險大概是大於機會的。

基於以上分析，可以理解併購失敗率八〇％是怎麼來的了。

企業徵求我的意見時，我的建議是「買方須謹慎，賣方要堅決」。

當你打算收購時無論多謹慎都是必要的，這與投資很類似，可以錯過但不能做錯。並且，在做收購的決策時，任何時間點放棄交易，大都是對的。

當你有出售想法時必須堅決，這說明企業已經到了不賣不行的地步，但凡有點希望都會堅持，因為樂觀是企業家的普遍特性。

第五章

莫要加戲

01 你只感動了你自己

有次跟朋友聊天時，他向我表達了對某個同事的不滿。那位同事在證券公司中擔任資訊科技人員。某次在餐廳吃飯時，朋友與同事閒聊，建議對方既然在證券公司工作，而且有理工科的基礎，應該嘗試考取保險代理人，說不定以後就可以轉行了。對方邊吃飯邊點頭。

隔年，這位理工男同事真的考上了保險代理人，離開了原本的職位，投行業務也逐漸做得風生水起。但是，他在公司裡見到朋友，從來沒有提起往事。用我朋友的話講，好像先前那次在食堂的交流沒有發生過一樣，令人匪夷所思。

朋友內心充滿了委屈，他認為，他是同事的貴人，幫助他實現了人生的轉型。雖然沒有期待對方有多感謝自己，但對於過往也不能不提不念啊！實在太過分了。最後推斷出一個結論：這個人，人品不行。

我聽完以後，內心感慨萬千。本想忍下不講，但還是沒忍住。

「你誇大了你在別人生命中的地位。在證券公司工作的人，不需要他人提醒，都會考慮自身是否有條件轉做投行業務。

「說不定在你提醒之前，他早就下定決心並且準備很久了。說不定，他應徵到證券公司當科技人員，就是在觀察有沒有機會轉做金融行業。

「你是他人生努力奮進的旁觀者，算不上關鍵人物。對於他人透過自身奮鬥取得的成就，只要鼓掌、喝彩和祝福就可以了，不需要提升自己的地位。因為這件事，你認為對方人品不好，但是在他生命中，可能根本不記得你。」

* * *

其實，類似的事情有很多。

比如，曾經在專案中，一起攜手奮戰、共渡難關的客戶。專案成功後，客戶成為超級富豪，而我們就賺養家餬口的錢。當下次再見時，客戶也會很禮貌但保持距離，有時候會忙著做別的，放我們鴿子，不再相見。

有些年輕人會感嘆某些客戶「人走茶涼」、「當初我們幫他們多少忙啊！沒有我們，他早就死了」。

其實，這種思維方式跟前述提到的朋友類似。

客戶是業務的上帝和衣食父母，本質上就是僱傭關係，要感謝客戶提供業務機會，讓你有養家餬口的錢。所以，客戶並沒有欠你，而且做好專案、成全客戶，是投行的責任。

在僱傭關係中，要讓客戶感謝你的「救命之恩」，確實有點超過了。

另外，人生要接受「人走茶涼」這件事，因為這意味著效率。想想看，人都走了，茶還得是熱的，多麻煩啊？

客戶每天要面對多少事情，總得有重要性選擇和排序。要是總跟人閒聊，那企業不是早就垮了嗎？所以從這個角度來說，「人走茶涼」本質上是種務實的負責精神。

人生中多數的抱怨，不是客觀上你被誰辜負了，而是你加戲感動了自己。

02 職位也有三年之癢？

正如同婚姻有七年之癢，投行新人工作了三、四年往往也會經歷職業迷茫。

當初作為新人進入這個行業時，帶著好奇、嚮往和各種興奮，幾乎每天都有新的東西可學。告別了學校，能賺錢了，工作技能的累積也是非常顯著。

今天研究了股權激勵的流程，明天的專案核查自己獨自負責。專案簽字，再來自己的案子成功通過了，紅酒喝了又吐、表情先笑再哭，酣暢淋漓。

但在這個行業待了三、四年後，人生第一個職業瓶頸期到來，確實會很慌張，內心的迷茫與恐懼時時刻刻撕咬著自己。

學生時期，潛意識中對三、四年一個週期很敏感。尤其是名校畢業的學霸，幾乎每隔三到四年就得經歷一次重要考試，像是會考、學測和研究生考試等。

所以，在工作之前已經習慣了人生總是不斷的攀登，每過個三、四年就得摘個大果子，用很明顯且碩大的成就來激勵自己。

但是，投行沒有這個尺規，相反的，會進入倦怠和平淡。

工作上的技能已經累積的差不多了，文件都看得懂，也會寫；專案核心方案的處理也不再陌生，全流程也都經歷過。工作中的事情不再新鮮，反而帶來的是無助和挫敗感。最不能容忍的是，感覺不到自己進步，內心慌得不得了。

*　　*　　*

另外也會發現，投行案子的不確定性很大。有些簡單的小案子可以自己負責，總希望自己能夠運籌帷幄、獨步天下，但冰冷的現實是，自己也總會犯些低級錯誤。

核心問題判斷的邊界感不強、遇到難纏的客戶搞不定，對核心的各種嚴格要求也疲於應對。跟自己同時進公司的同事，居然考績比自己好，甚至今年，自己還沒晉級。

這真的難以忍受，畢竟自己從小就是「別人家的孩子」，優秀得很。

其實，每個人的人生都得經歷這一段，就是接受自己的平凡。這個並非真正意義上的平凡，而是內心放過自己。

有些人在高中就經歷了，後來考上普通大學，在小城市中幸福的生活；有些人在大學裡，才接受自己是路人甲；而有些人，到了工作階段才理解。無論如何，這都是人生必修課。

當然，人生有很多可能性。所以，**人會習慣性的每隔三、四年，就尋求生活的變化和刺激**。比如，除了投行，我是不是更適合投資？在北京待了這麼久，我是不是應該去上海？更重要的是，當你初步具備了工作技能，所謂的獵頭已經把你的名字列入名單了，時不時給你各種邀請。

很多迷茫的本質是階段決定的，就像婚姻中的七年之癢。作為過來人，會有更清楚的感受，但每個人都得自己經歷才會明白。人生確實需要嘗試，也需要試錯，但很多迷茫中尋求的改變只是說服自己的理由，而無法改變實質。

人世間事，大都如此！

03　工作好壞的評價核心

其實，普通老百姓對投資銀行是沒有概念的，提到這幾個字時，甚至會誤以為是銀行的股東，專門給銀行投資入股。

每次回老家，村裡人問我做什麼工作，我會說在證券公司上班。被問說是炒股票的嗎？我說不是。再問是不是電視上那種股評？我說也不是。最後，被追問到底是做什麼的呢？我只能說，是幫企業家、大公司出主意。

對方就會恍然大悟說：「你就是吳用、劉伯溫吧？」我點頭說差不多，臉上帶著釋然與滿意，就差伸手捋鬍子了。

據說，投行工作是多數金融學系畢業生的首選。前陣子去某著名大學跟同學交流，有位小朋友說：「能跟勞哥混是我等的終極夢想。」聽得我渾身起雞皮疙瘩、滿臉憨笑。但客觀分析，他說的也未必是阿諛之詞。

金融學系畢業後的選擇中，相比商業銀行、基金信託等，投資銀行應該是首選，而投行中的頭部「三中一華[1]」肯定是畢業生追逐的目標。

再繼續分析，諸如薪酬待遇、工作氛圍、細分領域強弱等，頭部券商也是各有所長。所以，經過仔細分析後得出結論，原來自己處於金字塔頂端啊！看來工作中那些痛苦、迷茫和不自信，確實有點多餘，瞬間得意起來，努力尋找傳說中的高處不勝寒。

投行是個好職業嗎？當然！我曾經說過，對工作好壞的評價核心有幾點：一，所在行業是否有良性的發展趨勢；二，工作中是否與優秀的人為伍，無論是客戶還是同事；三，能否帶來自我成就，無論是自身客觀的成長，還是主觀的認同；四，是否能賺到養家餬口、體面生活的錢。

投行工作幾乎滿足上面諸項標準，尤其是投行接觸的人與事都貌似高端分子，與優秀的人為伍會有很多收穫，所謂「鳥隨鸞鳳飛騰遠[2]」就是這個道理。

投行工作面對的行業和專案各有不同，比起流水線工作可能比較不枯燥乏味（當然，職位較低的新進同事需要負責幫忙影印底稿除外）。尤其是併購交易，充滿了博弈與趣味。

*　　*　　*

另外，投行工作不需要承擔最終極的壓力，雖然奔波辛苦要承受各種壓力不假，比如來自監管、客戶和領導的壓力等。

記得曾經與客戶吐槽說壓力大時遭遇明顯不屑。客戶笑著說：「真正的壓力有兩個特徵，一是沒有選擇，二是決定生死。」

對比創業或者實業經營而言，投行所謂的壓力就是案子成敗和獎金高低，這不算壓力，應該算甜蜜的煩惱。想想也不無道理。

1. 頭部，指資產規模較大、各項業務能力較好的證券商。三中一華指中國的中信證券、中信建投證券、中金公司以及華泰聯合證券。
2. 後句是「人伴賢良志氣高」。指像鳥隨著鸞鳥、鳳凰就能高飛遠騰一樣，人跟著有德有才的人，也會使自己增長品德和志氣。

根據以上分析，投行確實是不錯的職業，尤其是針對普通家庭出身的孩子，是知識改變命運，能夠從底層逆襲成為中產階級的途徑。在沒有背景、沒有掌握資源的情況下，也能維持家人體面的生活。

但也沒有必要把投行工作過度神化。投行的本質是金融服務業，是透過勞動服務成就別人，跟五星級酒店服務員，或高級社區的管家沒太大區別。

投行作為服務的乙方，非常辛苦和被動。比如，經常忙碌出差全國到處飛，有人說投行非常重要，被各種人需要，但其實我不是這樣想的。

之所以忙碌，是因為要配合客戶的時間，從這個角度看，真正重要的是客戶，而不是投行。要是某天客戶到處圍著投行跑，那投行才是真的重要了。

投行受人之託做的都是貌似「高大上[3]」的重要事情，對於時間要求很高。所以投行人工作都是沒日沒夜的，尤其是對於做基礎工作的小朋友，同時兼顧幾個專案，加班熬夜、沒有休息日，都是再正常不過的事情。

而且，與優秀的人為伍也意味著競爭很激烈，稍微不留神可能就落後。必須有強大的心理和健康的身體才能勝任，經常有小朋友因為不堪勞苦與壓力，要麼離開、要麼身體出現問題。

有的家長看到這種工作狀態被嚇壞了，慫恿孩子辭職改行，感覺這種付出「人間不值得」。

投行有很多光鮮亮麗之處，包括衣著光鮮、出差住宿等有不錯的標準。但這些都是為了配合客戶的等級而設定，好比五星級酒店服務人員也必須西裝革履。正裝制服這東西看起來雖體面，本質上傳遞的是服從，是為了傳遞專業與嚴謹而讓自己被約束。

從這個角度，尤其對年輕人而言，容易放大投行的「高大上」，而忘記服務行業的本質。尤其跟服務的客戶企業相比，投行並沒有掌握資源，掌握的是牌照與專業服務，而這些都是可以公開標價的。

所以，投行就是份不錯的工作，適合普通人家孩子，投行人也是離不普通人很近的普通人，不能妄自菲薄，但也別自命不凡。

---

3. 高端、大氣、上檔次的簡稱。出自中國古裝劇《武林外傳》。

04 過程，決定了結果

實習是每個學生都得面對的事，是從學校到工作崗位的過渡。在實習過程中，能夠對未來工作有個初步認識，好的實習機會和過程對於工作技能的累積，乃至後續就業都會有所幫助。

這對於畢業生而言，差不多是可以與寫論文相提並論的大事了。學生缺乏對工作實踐的認知，通常也帶著各種懵懂來看待實習。要麼在網路上胡亂搜尋、要麼求助於同學、學長姐，面對實習的諸多事宜也是充滿疑惑。像是要在什麼時間點開始實習？當實習跟課業有衝突時該如何選擇？怎樣才有機會進入心儀的公司？實習最重要的目的是什麼？如何獲得留用的機會？

跟大家聊幾句，未必正確和全面。

作為投行機構，我們每年都會接受大量的學生來實習，多數是名校的碩士研究生，諸如北京清華、北京大學和常青藤聯盟名校等。這些孩子都相當優秀，那是當然。目前過度競爭相當嚴重，學生的學習積累和我們當年不能同日而語，很多專業基礎扎實、外語流利，甚至簡報都做得有模有樣。

當然實習生主要是做些基礎工作，比如資料蒐集、文件整理，在專案中的資料支援，還有替專案組跑跑腿、訂便當等。

實習最重要的是什麼？有人認為是優質的實習機會，到哪個平臺與什麼樣的人為伍，這是外部前提條件。但我認為，對實習的認知和態度可能更重要，否則再好的機會也沒有意義。簡單說，透過實習你想得到什麼？這點每個人差異真的很大，這種認知選擇可能會決定人整個職業生涯的順利與否。

先聊下，實習能在什麼程度上決定人生？

我認為實習固然會帶來技能的積累和提升，與學習中的預習類似，但人生很長，這點提前並不關鍵。很難得出結論說，有過幾個月實習經歷的人，比沒有實習經歷、直接工作的人更優秀。

實習不過是人生職業履歷中很小的部分，所以也別對此寄予厚望，甚至感覺沒有光鮮的實習經歷人生就完了，其實沒那麼嚴重。

客觀而言，我認為實習最大的意義在於後續就業篩選條件的累積。這點與上面說的有點矛盾，但這確實是客觀存在的。因為目前金融行業就業競爭實在太激烈了，所以就設置各種條件，至於這些門檻是否真的有效倒是其次。

就好比門檻要求通過英語六級[4]，但也不能說過了四級的就沒辦法勝任這份工作，但從招聘角度總有工作量的安排，從幾萬份履歷中逐一檢查也不實際，那樣人力資源部門也沒辦法好好做事了。

所以，從這個角度來看，好的實習經歷有點像……住在好學區，雖然不能讓你絕對優秀，但可以讓你在條件上適當領先。

* * *

若獲得了不錯的實習機會，該如何面對呢？有些學生似乎以為，只要未來能在自己的履歷上寫上一筆，這段實習就已經功德圓滿了。

這種觀點也不能說錯，但我還是想說，能否讓實習發揮更好的作用呢？為什麼不努力把事做好呢？既然都來了。

有人說：「你這個糟老頭子壞得很，總想壓榨我們這些免費勞動力到極致，想讓我們為你們拚命，你想得美啊！」

其實不是的，這個世界本就沒有什麼是白付出的，多數的付出，自己本身也是受益者。無論是工作或實習，要是輕易認為多做事就是吃虧，那我可以斷定你的人生註定膚淺。因為你的基礎思維，決定了你更容易選擇以投機的方式應對人生選擇。

首先，建議實習的次數和長度要安排好，不應該蜻蜓點水積攢次數，每次實習最好時間長一點，比如兩、三個月或者以上。

我看到有些實習經歷只有短短二十天不到，可能連周圍同事都沒全部認識就

---

4. 指中國的全國大學英語四、六級考試（College English Test），俗稱「大學英語四六級」（CET-4和CET-6），目的是檢測在校大學生的英語能力。

結束了。這不是實習，是訪問啊！

如果我是帶你實習的人，這麼短時間我可能都不會安排任何工作，前後工作交接都來不及了。這麼說吧，時間太短的實習，除了刷個實習經歷騙人騙己外，基本上就是浪費時間。

最好的實習週期是能夠經歷完整的項目週期，當然這個要求有點高。我記得，在我們華泰併購部實習最長有超過一年的，這實習生跟著做了好幾個完整案子，雖然因為學校門檻原因沒有被留用，但這一年累積的併購專案實務經驗，也肯定會讓他受益。

所以，簡單的總結是，實習最重要的是要多看、多做、多琢磨，對內修練自己能力，對外積累正向評價。

*　*　*

其次的建議是要認真。有句話叫做：「當你凝視深淵時，深淵也在凝視你。」每個實習生的日常都像是考試，每次提交工作都會有人默默替你打分數，周遭的人都很認真的考察和評價你。

所以，不要認為自己微不足道，說不定你經常成為投行大哥、大姐茶餘飯後的話題，被品頭論足呢！我以前當部門負責人時，經常打聽實習生有哪些表現不錯、哪些不怎麼樣，這些都會有評判機制。

透過實習表現，有些人已經明確被留用了，而有些人已經確定不會要。你想想，若專案組經常說：「某個孩子真不錯啊！交辦的工作都做得很好，承擔了專案組不少工作量。勞哥，校園招募時務必建議人資把他留下來，否則後續專案延續都會有麻煩。」這樣的實習生會需要煩惱工作難找嗎？

另外，要避免對工作的內容評價，簡單來說，別挑工作。

畢竟實習生要做很多基礎工作，就是傳說中的髒活兒、累活兒。有些人內心非常排斥，想著：「我清北金融碩士畢業生，就讓我做這些？不是整理資料就是繞著影印機轉，勞哥你去跟客戶談判時能不能帶我一起去啊？我參加過校園辯論賽，憑藉我的口才，應該可以成為你的左膀右臂。」這，就想得有點多了。

其實，不同的工作就是分工不同而已，基礎工作也同樣有價值。有些實習生透過整理資料會有很多總結和思考，琢磨每頁紙存在的意義與價值。甚至有的還會透過自己設計的程式來提升工作效率。

人生就是這樣，從爬到走再到跑和跳，哪個階段都少不了。另外，透過實習也會對投行工作的節奏和強度有所認知，有些人承擔壓力能力不強、家境不錯，確實也會感覺投行這工作不值得，這也正常，也算實習的收穫。

還有些實習生會特別關注被留用的可能，現在就業壓力大，這些都可以理解。我記得，曾經有實習生報到後就跑到辦公室問我：「勞總，你認為我留用的可能性高嗎？」我說：「這個不好說啊，為什麼要問這個？」

結果這孩子說：「要是能留用，我就好好實習；要是機會不大，給我個實習證明，我就走了，要去那些有可能留用的機構好好實習……」我都被他氣到笑了，能否留用跟你實習的表現也有關係啊？這本身就是雞和蛋的關係。

其實，很多時候是過程決定了結果，而不是相反。

05 用好君子是本事，用好小人是藝術

很多老闆特別喜歡重用小人，那種一看品行就不好的人。之前有位投行的哥們兒投奔了甲方，但沒過多久就辭職了。原因是覺得企業中小人橫行，自己的專業技能似乎並不能完全取得老闆賞識，而滿肚子怨氣。

喜歡用小人的老闆很常見，甚至是相當普遍，這現象背後的原因是什麼呢？我也曾經非常不理解，認為有些老闆對人沒有判斷力，後來與熟識的客戶探討過這個問題，也逐漸對此有了新的理解。

確實人的能力、品行會有差異，但是，不同類型的人也有不同功能。企業需要君子，當然也需要小人，能接納和用好不同的人，也是企業家的基本能力。

簡單說，**用好君子是本事，用好小人是藝術**。首先，小人能帶來情緒價值。小人一般擅長察言觀色、投其所好，讓老闆時刻如沐春風。

客戶說：「我企業做這麼大、賺那麼多錢，追求一點內心愉悅，這很過分嗎？我也想開心過每一天啊！你想，那麼多人每天對你說：『老闆，你真厲害，你真是人間翹楚、我們的明燈，才華和外貌兼備』這樣的話，是多爽的事啊！」

想想也是，千穿萬穿，馬屁不穿[5]啊！

其次，小人比較安全可控。君子喻於義，小人喻於利。老闆知道小人想要什麼，且自己也有能力滿足，相對而言，小人還是安全可控的。

而且，小人能力有限，有很強的依附性，就算離開也不會讓企業傷筋動骨。但所謂君子，他們擁有自己獨立的價值觀，也可能志向遠大、有當老闆的心，轉身就可能成為企業的競爭對手，這反而是企業裡最不穩定的因素。

小人則像蒼蠅，給點腐肉就能打發，相對簡單。

* * *

當然，小人也會有各種利益導向的貪腐行為，對於這些老闆到底怎麼看呢？

有個地產老闆談論自己的採購人員吃回扣的事，他說：「這是遊戲規則，很難杜絕。他們有點灰色收入，我也不需要給太高的薪資，等於是供應商幫我養員工來替我工作，這樣也挺好。

「另外，最關鍵的是，就算不讓他們拿回扣，採購成本也降不下來，這部分利益本來也就不是我的，公司利潤也足夠高，大家都能各得其所，什麼不好。」水至清則無魚，就是這個道理。

再者，小人也有特殊用途。有個成語叫「雞鳴狗盜」，大概就是這個意思。

老闆在企業中有很多有必要但不怎麼體面的事，這時候小人就是很好用的工具了。比如，偷偷去泡個妞什麼的，還有內部通風報信和充當黑臉爪牙等，這些髒活兒也需要有人去做。

就好比古代皇帝重用奸臣，因為有些時候，皇帝的想法還是得透過奸臣的嘴說出來。想擴充後宮佳麗的規模怎麼辦呢？這時候奸臣就跳出來了，說皇族旺盛

5. 無論什麼東西都可能被看穿、厭惡，只有奉承的話語是人人愛聽的。

國家才能安康，然後皇帝就借坡下驢了。

這事指望魏徵和包拯這類型的忠臣，那肯定不行啊！

聽客戶介紹了這麼多，我提出了個疑問：「小人雖然有這麼多可用之處，但是確實能力弱啊！這個缺點又要怎麼解決呢？」

客戶想了想說：「對於多數老闆而言，他們認為自己有能力就足夠了，下面人聽話就好。所以呢，根本就不需要改善這個缺點。」

我感覺他說得挺對，但同時感嘆給君子留的空間太少了，聽起來不太公平。

客戶笑著說：「其實，把人分為小人和君子本來就不太實際，這兩者之間也沒有明顯的界限。而且往往很多人會認為自己是君子，與自己不同的就是小人。但客觀來說，多數人是介於小人和君子之間的芸芸眾生。」

有道理！

06 富二代的煩惱

我有個朋友，他應該算是標準的富二代。

在多數人眼裡，他日子過得爽得很，不只不需要煩惱貧窮，也不用擔心失業、找不到老婆，更不用背負房貸。總之，就是人生勝利組。他在這個世上，除了享受榮華富貴，好像也沒有什麼苦可以經歷，生活相當精彩。

但其實，人生很複雜，也沒那麼簡單。

他說，他最不高興的就是自己的天賦和努力會被人忽視，某種程度上對他也不公平。比如，他曾經高分考上了本地的重點高中，但幾乎沒人相信；他寫書法也曾獲獎，但大家都認為是他家給了贊助。類似場景在他人生中經常發生。

又如，談戀愛。按理說，他很帥、教養也不錯，還有錢，在學校是典型的高富帥。但客觀而言，很多女孩會因為他的家庭而不願接近他，而那些刻意接近的，他也不敢招惹。

而且，家裡也會特別關注他的情感生活，幾乎每個走近他的女孩，都會被當作未來兒媳婦來考察，就差動用私家偵探了。

本來只是很簡單的曖昧勾搭，都好像「選妃」一樣。用他自己的話講，沒對愛情和婚姻失去期待已經算很幸運了。

再來還有擇業。每個同學畢業後都懷揣夢想、規畫自己的人生，但他只能回家參與家族企業。你說喜歡嗎？也不算喜歡；你說討厭？也不能這樣講，這就是他的宿命。

當然，也有很多人堅持不接班的，可能基於能力，也可能是不感興趣。在他看來，那更多是勇氣。

他現在是家族企業中很多公司的法定代表人，不停的出席各種董事會和彙報會。但他依然沒有參與實質管理，整個家族企業還在他父親的掌控中。

他像個隨時準備繼承王位的太子，但更多時候只是個旁觀者。他必須不停的在各種文件上簽名，但簽的是什麼也不清楚。

我有疑惑：「為什麼不讓你實質參與管理呢？」他說，主要是他老爸不信任他，認為他太稚嫩，不具備這個能力。

但他已經四十出頭了，很多獨自創業的同學已經在市場上征戰多年。不給他機會他無法歷練，無法歷練就很難提升能力，這樣就進入另外的循環，確實有點尷尬。

或許，他老爸的擔心也有道理，但他認為，本質上人還是有權力欲望的，尤其對於掌握著權力的人來說，真正的原因應是他無法放棄。執掌江山的感覺這麼好，怎麼能輕易放棄權力呢？

他也有他自己的不滿，不管是面對父親還是家族。

我聽了也挺感慨的，因為我們離得遠，很難看到真相。「人生是一襲華麗的袍，裡面爬滿了蝨子。」但怎麼說呢？比起普通人，他還是幸運多了，看在錢的份上，人生也值得了。

他說：「我沒什麼感覺，因為從出生就這樣了。」

07 起步快與慢，沒有想像中重要

有人在網路上向我提問：「勞叔，學生時代應該刷實習經歷，還是應該好好學習呢？」說實話，這個問題挺讓我為難的，我想了很久都沒有回答，因為對答案也有些糾結。

從學習的角度來看，我認為大學多數的具體知識，對於工作後的實務作用其實非常有限。但是學生時代學習知識的背後，應該是面對當下問題和任務的態度。說得直白點，什麼階段就做什麼事，而且要把它做好，這是種人生態度。

另外說說實習，我不認為實習對後續工作的支持有多強。從來沒有實習過的人和有很豐富實習經驗的人，從後續工作長期表現來看，沒有什麼本質差異。

人生像馬拉松，起步快與慢沒有想像中那麼重要。

但實習並非沒有作用。我認為，實習可以提高被篩選中的機率。因為目前求職競爭激烈，所以有好的實習經歷會讓履歷更豐富，而形成對比優勢。簡單說，實習不會讓你變優秀，但會讓錄取率更提升，可以解決門檻問題。

另外，我注意到問題中用了「刷」這個字，我不太喜歡這個詞。因為實習對找工作有幫助，有些人會技術性迎合，刷實習經歷。

這不能說不對，但我想說是，除了有實習經歷還需要多思考和多做事，這樣既有很好書面經驗，也有很好的累積。「刷實習經歷」透露出投機心理和利用資訊不對稱來牟利，這可能會讓人誤入歧途。

這麼講吧！單純為了找工作而刷實習經歷的人，未來也容易刷工作履歷，透過頻繁的跳槽，用先前光鮮亮麗的工作經歷來騙取下次的工作，但真正能力和技能的積累非常有限。

這看似是技巧，其實是人生的投機態度，不能說沒用，只能說我不贊同。

我在面試時，就面試者的實習經歷，有兩件小事讓我印象深刻。

有個小朋友曾在某證券商併購部實習。我告訴他，我認識他們併購部負責人，要他分享一下關於那個人、那個專案的事。結果，對方支支吾吾的說不出來，神色慌張。很明顯，要麼實習經歷是編的，要麼就是蜻蜓點水。

有另一個小朋友實習經歷很特別。她是學金融的，但在國外非政府組織和紅酒莊園實習很久。

她跟面試官說：「抱歉，實習經歷有點雜。」然後跟我們講了很多實習時的感受和趣事，中間有很多自己的思考和總結，讓我們也感覺挺有收穫。

後來，她被錄取了，現在在華泰工作也做得不錯。

說了這麼多，我的觀點是實習也是種學習，二者本質區別不大。但希望你能夠認真面對當下，適當對未來統籌。

在沒有實習時，就多看看書，不局限於本科專業書籍；實習時，就認真面對，多做事、多思考，在基本技能和體會上能有所累積，不要用投機取巧的心態面對人生。

我深知年輕人找工作的壓力和各種掙扎，但內心也有種期望，不願看到影響人生走向的習慣性投機。

08 任何工作都要學演講

做投行併購這麼多年，除了日常專案以外，跟工作聯繫最為緊密的事就是演講。都說投行到最後都是表達者、「口力勞動者」，這點確實是真的。要替客戶出主意，同時也要為自己吹牛，全靠這張嘴。

演講這事，核心兩點：為什麼要去講？要怎麼講得好？客觀而言，這是投行最有效的行銷方式，沒有之一。

這點跟醫生很像，有句俗語叫「醫不叩門」。想像一下，如果某個醫生背著藥箱上門自我介紹：「我是名外科醫生，你家裡有人需要做闌尾切除或者結紮手術嗎？我很在行、動作俐落，一點都不痛……。」

我曾經主動拜訪過很多客戶，但客觀而言，效果都不好。客戶都很客氣，但基本都在應付你，真正有業務機會時，根本不會想起你。

道理很簡單，沒有差異化的行銷其實沒有意義，做生意不能緊追著客人，而且看你殷勤無比、賊頭賊腦的樣子，心裡就有些煩。

但演講的行銷效果很好。當然，能走上講臺，也是能力的體現，因此可以形成有效的正向循環。也就是你很專業、講得不錯而被人記住，業務機會就會增加，進而增強業務能力和行業地位。

隔著講臺，讓彼此變成了師生關係，而老師的身分無形中會增加授課者的權威性。另外，演講是單邊輸出，作為講者我怎麼講，你都得聽著，受制於環境你很難有表達不同意見的機會，聽課人變成了被動的資訊接受者。

這麼說吧，我怎麼吹牛你都不會當場打斷，對吧？

*　*　*

此外，演講是一對多，如果受眾都是潛在客戶，這種溝通方式確實很有效率。在遇到併購相關問題時，首先會想到你。

這樣比登門拜訪好很多，關鍵是有著姜太公的悠然，而帶著東西上門就有點像收電費似的灰頭土臉，臉上都是不自信的諂媚，笑得滿臉褶子。

如果長年累月的講，就相當於不斷向市場傳遞出信號：「我們很強、我們很棒，耶！」這種信號會深入人心。

當然，前提是專業與服務確實出色。儘管演講講多了也很煩，但還堅持下去，主要是想營造個效果，讓市場提併購就想到你，看不到其他人的存在。

除此之外，還可以鍛鍊表達和歸納能力。要講給別人聽，自己要有更深、更系統化的理解，最終受益最大的是自己。也能獲得名利的附屬品，什麼北大、清華社科院的特聘人員，反正吹牛肯定管用，同時還能賺點講課費，也挺好的。

除服務行銷外，我偶爾也會去大學演講，希望能帶給在校生來自市場前線的東西。我記得當年念書時，也對校外實務性強的講座印象很深。說不定自己的某句話或觀點可以對年輕人有所啟發呢！

那麼，要怎麼做才講得好呢？

說句心裡話，沒有誰天生擅長這種事，人往往缺乏在眾人面前講話的經驗。

所以，克服緊張情緒很不容易。能夠講得好，需要經驗也需要總結。

從性格而言，我自己是有點靦腆害羞的類型（看不出來吧！），從小到大對在眾人面前表達充滿了窘迫與恐懼。但在成長的過程中，意外發現了自己兩項技能，演講是其一，其二就是寫東西。

客觀而言，這需要一個學習和適應的過程，不能說現在講得有多好，但剛開始講得真的很糟。我琢磨如何提升，開始請教經驗豐富的人，尤其是口才好的人。對方給了我幾點建議，還挺受用的。

首先，必須對內容非常熟悉，避免因為生疏造成緊張。克服了緊張就成功了大半；其次，要有溝通的欲望，而不要機械式的完成程序，尤其，要與學員有眼神交流。記住，誰好看就盯著誰的眼睛看，愛怎麼看就怎麼看。

最後，幽默最關鍵。如果講得歡樂，效果肯定會好。其實沒多少人有求知慾，但所有人都不會拒絕歡笑。隨著時間推移，能留下的就是那麼幾個段子。唉，膚淺的人類啊……。

我老爸也給了點建議。他說我說話時贅詞太多，建議我聽一下單田芳[6]的評書。估計，在我爸的世界裡，單田芳是表達能力最強的人了。於是我聽了幾段評書《白眉大俠》，我發現單老先生說話真乾淨，幾乎沒有任何一個字是多餘的。

於是，我開始嘗試平靜下來，放慢語速表達，努力克服囉嗦的語助詞。儘管到今天也沒有完全杜絕，但確實有所改進。

另外，我發現有時說話語句會重複，總擔心別人聽不清楚。其實這種擔心是多餘的。理解力強的人，說半句就懂；理解力差的，你重複十遍也沒用。

說到幽默和搞笑，我還算有點基礎。很多併購案例圍繞著談判、博弈，本身都自帶衝突，故事性和趣味性都非常不錯。尤其有時候略做誇張與虛構，既能說明問題，還能活躍氣氛。當然，自己濃厚的東北口音也起了些作用。

有時候在演講前，我也會聽別的老師演講。說實話，能夠有趣、有料又講得好的人少之又少。多數老師以沉悶開頭，以乏味結束，學員全程都在恍神。當他結束、謝謝大家聆聽時，掌聲響起，似乎不是因為精彩，僅僅是歡送……。

6. 本名單傳忠，中國評書表演藝術家。

聽別人演講，主要是為了揚長避短。

我發現必須階段性有包袱，牽引著大家的注意力，否則不超過幾分鐘，很多人就開始走神了。另外，大家不愛聽知識點，更喜歡聽故事或者歸納出來的觀點，偏激和犀利都不怕，就怕沒有主見。從這點而言，演講也並非完全是表達技巧，也是思考總結豐富自己的結果。

總之，對內容熟悉、心態放鬆、放慢語速話家常，有點段子活躍氣氛，最後再加點自己的見解，演講就有基本的水準。其實我自己也依然在改進中，小小經驗，希望也能給他人一些啟示。

還有一點也很重要，就是努力做好自己，對最終結果不用患得患失。最壞的結果就是講不好，想想其實也沒什麼，講得差的人可多了，也不差你一個。說不定你不那麼在意後，就有了意外之喜。

09 學者創業，不容易成功

朋友來找我喝茶，說正準備投資與某大學教授合作，科學研究成果落地產業化等，言語間充滿了期待和興奮。我聽了後，想要勸人的老毛病又犯了。

我勸他慎重，教授這群體，不好合作。

有時候研究和產業化完全是兩回事。投資的邏輯是為了賺錢，而研究是為了形成論文和獲取經費，所以要避免紙上談兵，這是大前提。

因為學校環境有特殊性，跟商業社會不一樣。教授一般不需要與他人合作，就能取得成就，所以會自私、自我、不願分享的可能性相對更大。

而且，有些人帶領學生做研究，常習慣作為帶頭人摘果子，思維慣性是：「只要我參加的，所有成果都是我的，其他人別跟我談付出和回報，能參與就是你們的福分。」自古師徒關係不好相處，大概也是類似的道理。

另外，學校裡有不少閒人，職位、職稱和經費都充滿了競爭和博弈。這種環境裡沒有什麼大錢，所以在利益取捨上也很難形成大格局。當然，有些大師級別的人，或者熱衷學術的教授很有風骨，但不占多數。

無論學識高低，大多數人也都是俗人。

教授經常講課、傳授觀點，但其實有些觀點未必嚴謹客觀，而他們的聽眾要麼是學生，要麼是迷信權威的外行。

久而久之，容易形成過度的自信心，認為自己掌握的知識很高深且絕對正確，容易鑽牛角尖，自我糾錯能力不強，這其實有點危險。

據說，有資料統計，教授創業都不太容易，有個很重要的點是他們總有退路，大不了還可以回學校教書。有點像取經路上的八戒，遇到困難就想分行李回高老莊，這點跟很多草根拚命是有很大區別的。

朋友聽了覺得有道理，於是決定……以後再也不找我聊天了。

10 小不忍則亂大謀

有次週末在家，在電話上討論個不大不小的併購。臨近尾聲，我從交易的戰略高度做了總結，意思大致是，這次契機難得，雙方除了靜態的條件博弈外，更重要的是要看未來協同增量等。電話裡雙方都表示贊同，客戶表揚我的觀點有高度。這通電話愉快、順利的結束了。

這時老婆走過來，說女兒校服上的拉鍊壞了，要我拿去附近某個購物商場的二樓修一下。我答應了，從門口的小板凳上拿起校服，然後下樓步行前往。

很快就到達了，機臺前有位中年男師傅正在忙碌。我請師傅幫忙修拉鍊，他接過衣服查看了一下，叫我明天來拿。我同意後轉身就走，出了門才想起應該先問價格，於是回頭問他：「師傅，這樣多少錢？」

「五十元。」我點了下頭後就回去了。路上蹓躂著，各種看熱鬧，甚至幾個路口都錯過了綠燈，在北小河[7]邊上有幾個大媽在跳廣場舞，路過時我也象徵性跟著比畫了幾下。天漸黑，我也進了家門。

老婆看到我就問：「衣服呢？」

「放在那裡修呢，明天過去取……。」

「不就是換個拉鍊頭嗎？還至於這麼費勁啊？」

「啊！我以為是換整條拉鍊！」

「你也幫幫忙，換個拉鍊頭就好了，你辦事怎麼這麼讓人無法放心呢？」

「那個呀，要收我五十元呢……。」

「你有病啊！新校服才五十元，上次媽換過拉鍊頭才五元。」

「那……怎麼辦呢？」

「你趕快去跟師傅說一下，要是整條拉鍊已經拆下來，損失就大了……。」

那瞬間，我意識到事情的嚴重性，趕緊穿鞋就往外跑。這時，老婆追出來把車鑰匙給我，我趕緊去開車，然後一路猛踩油門，很快就又來到了目的地。停好車後小跑步上樓，當我氣喘吁吁、順利抵達時，卻發現門已經鎖了。

我瞬間有點沮喪，還好門上有聯絡電話。打通後解釋一下，對方表示聽懂，並修改報價說，這樣是二十元。

「不對啊！她奶奶曾經換過才五元。」但對方卻說：「不可能。這個價格連成本都不能『cover』（覆蓋）。」我居然從裁縫口中聽見英文，瞬間感覺彼此都是有文化的人，也就放棄了殺價的念頭。

幸好，他主動降到了十五元，說不能再低。我也爽快的答應了。

回家路上，客戶又打電話來，說併購出售的價格目前還差五千萬元，這個價格絕對不能接受。我告訴他：「買要謹慎，賣要堅決！既然決定出售了，多賣五千萬元還是少賣五千萬元，並沒有區別。都是在資本市場上混的，不能因為某些戰術層面的利益，影響了戰略層面的選擇。」

我還聲音響亮的使用了個成語：「小不忍則亂大謀！」語畢便結束通話。我放下電話後，內心依然忐忑。我這拉鍊是不是修貴了！

7. 北京地區東北郊的一條河流。

第六章

家人的故事

01 你有義務照顧他人感受

我回老家時，有時也會需要有個切換或者適應的過程。儘管那是我出生、長大的地方，因為已在北京工作、生活了多年，無論是環境還是習慣都會有很大不同。作為土生土長的東北人回到家鄉，甚至有時候也會犯「入鄉隨俗」的錯。好在這個環境中有我姊，會隨時提醒我。

某次，我提著行李進家門，環顧四周，全家人都在為我準備飯菜。我發現廚房裡，姊夫身旁有個人在切菜，似乎是我小時候鄰居家的小孩。

因為旅途也有些疲憊，我直接甩掉鞋子，靠著沙發坐下來，擺出飯來張口的狀態，也沒有想太多。

這時，我姊走過來低聲對我說：「廚房裡那人是村裡的小劉，你還記得嗎？剛才過來給我送了點自己種的菜，然後自告奮勇順手幫忙切菜，他之前學過幾天廚師。」

「哦，我記得他。小時候挺瘦，流著鼻涕，現在都這麼大了。」我姊接著說：「你去打個招呼啊！別顯得大剌剌的，好像瞧不起人家一樣。趕快去！」

我這才意識到了。

我趕緊跑進廚房裡，小劉看到我臉都紅了，嘴角微微動了幾下沒說出話來，滿臉的拘謹和害羞。

我過去拍他肩膀說：「你這小子可以啊！還有這兩下子，刀工看起來挺專業的……。」他聽著笑了，明顯表情舒緩很多，輕聲叫了聲：「明哥好……。」

我靠在廚房門上，東一句、西一句的和他閒聊往事，氣氛逐漸變得輕鬆。他依舊靦腆的說：「明哥記性真好，我還以為你根本不會記得我呢。」

當菜都擺在桌上時，我們留他坐下來吃飯，他說什麼也不留，在我們連拉帶拽中開門就跑了，我追出房門去又被推了回來，我們也不好再勉強。

飯桌上繼續聊天。姊姊說：「小劉現在也成家、有了孩子，目前村裡人多數都在鎮上買了房子，像他這個年紀還留守村子的人不多了。

「他目前靠做手工活來維持生活，日子也過得緊緊巴巴，你偶爾郵寄回來的舊衣服我也會給他幾件，每次他都特別高興，家裡種的菜也總往我這裡送，剛才還給我拿幾個南瓜過來，我想不要都不行。」

我點頭，原來村裡那些小孩子也都到了中年，上有老、下有小，成了家裡的經濟支柱，生活也各有各的難處。

姊姊說：「是啊！你不常回來，但在這些小孩眼裡，你算是大人物。尤其是自己過得不算太好，內心會敏感脆弱。有些細節你沒照顧到，會讓人誤以為你目中無人。或許你沒有感覺，但他們可能會受傷。你看你跟他說幾句話，他就很高興了。所以這些事，你要有意識，你也有義務照顧他們的感受。」

我邊吃邊點頭，原來我是大人物，不說還真不知道！

02 懷念母親

寫過很多回憶往事的文章，唯獨沒有寫過母親，這塊也算自己心裡的痛處，不太願意提起。母親去世時我還小，很多點滴經過歲月也略顯模糊。每到母親節或者自己生日時，還是會想起她，也會努力回憶起她的模樣。

時間確實是治癒傷痛的良藥，現在想起她來，平靜和溫馨已經代替了悲傷。有時候心裡也有遺憾，母親只陪自己走了八年，前五年是幾乎不記事的孩提時期，能留下的大都是生活的點滴碎片。

母親的身體一直不太好，我還記得她咳血及後來住院治療的事。然而母親倒是生性豁達，總是笑著說自己改天就死了。我每次聽見都會偷偷落淚，然後被她摟在懷裡邊撫慰邊嘲笑。

說實話，我並不記得母親的生卒年月日。後來詢問姊姊，又查過萬年曆後才知道，母親生於一九五〇年三月十日，而去世於一九八六年一月五日。

之前，我只知道母親走時才三十五歲，用現在話說也是風華正茂的年紀。那時我姊姊十歲，而我才八歲，如今我們都已經為人父母，也越能理解她過世時對子女的不捨，內心悲慟頓生。

關於母親的資訊，大都是從老一輩的親戚口中聽來的。據說，年輕時的母親以聰明美麗聞名，也經常有人說我遺傳了母親的智商。她精通裁剪，是個聞名鄉里的裁縫。

聽說她當年因為無法負擔學費，只上了不到十天的裁縫學習班，但絲毫沒有影響她的專業技術水準。每到過年時，家裡總是擠滿做衣服的人，而母親總是面帶微笑、有條不紊的忙碌著。

母親只讀過兩年半的書，但透過自學幾乎認識所有的字。不只看過四大名著，也經常講裡面的故事給我聽，用樸素的語言教導我很多道理。

印象中好像有幾點，比如要誠實守信、不貪便宜、頭腦智慧遠比武力強等。也說過是非和利益的關係，意思類似「君子喻於義，小人喻於利」。

雖然她是農村出身的家庭婦女，但也不影響她帶給我們一些關於人生觀的啟蒙教育。

母親雖然聰明漂亮，但腿有殘疾。據說當年得了骨結核，以當時的醫療條件而言，這種病難治療，因此兩條腿的長短不同，我甚至能記起她走路蹣跚的樣子。也正因為母親有殘疾，才會嫁給我父親，也才有我和姊姊來到這個世界。

若干年後，我長大定居北京並生活好轉，無意中聽說可以用手術的方式調整腿的長度。我不禁想起母親，要是她還活著多好，說不定也有機會嘗試手術，也能正常走路而無須理會別人異樣的眼光。唉！

* * *

母親走後的生活確實有些艱難，沒有母愛呵護的孩子敏感脆弱，在那個困難的年代也過早體會到人間的冷暖。慶幸的是，我跟姊姊成長得還不錯，身心也都健康。年少的種種艱辛反而成了錘鍊，讓我們更早懂事。

母親離去給我最大的感觸是，人生有些遺憾無法彌補，只能承受。後來自己逐漸長大，在眾人矚目中考上大學來到北京，最終工作、買房、成家、生子。這麼多年，心中最大遺憾是母親沒有機會見證自己的成長。

人們都說子女是父母最好的作品，原本自己的成長可以帶給她很多榮耀和幸福，但是她沒有辦法親歷其中，我只能相信她九泉之下也能感知了。

每年回去都會上墳燒紙，煙霧繚繞中，凝望著荒野間的那抔黃土，有時真不敢相信裡面長眠的就是生養自己的人。偶爾在周圍拔拔草和添新土都感覺到溫馨幸福。

想想每個人都因為父母來到這世上，到最後都會化作塵土。無論怎樣的至親至愛，都是階段性緣分……。

儘管我與母親在塵世間的緣分不長，但也不影響她在我心中的分量。若干年後我們還會在另外的世界相聚，但願還能記得彼此的樣子。

03 父親教我的事

父親出生於一九四一年，跟同齡人相比，我父親明顯年紀更大一些，因為他年輕時條件不好，找對象困難。而我母親年輕時，以貌美和聰穎而聞名，但身體柔弱多病且腿有殘疾，所以才讓我父親撿了「便宜」。

母親跟我們的緣分只有短暫的十多年，她就去了另外的世界。現在提及母親時，父親早已是欣慰替代了悲傷，認為娶了她，是他這輩子最光輝、正確的選擇，給了全家基因意外「改良」的機會。

我父親是個靠手藝和力氣吃飯的泥瓦匠。從小，我對他的印象就是早出晚歸，每天回家都是滿身的疲憊，頭髮永遠沾滿了塵土。再來就是我晚上熟睡時，經常被他伸進被窩撫摸我的那雙粗糙大手弄醒，同時伴隨著憨厚的笑聲。

可以想像在那個年代，生活有多麼艱辛。尤其是母親已故，姊姊和我年紀尚小，但他始終那麼樂觀、堅忍。只有我生病發燒時，才聽見他少有的嘆氣聲。

他知識水準不高，僅讀過幾年小學，普通得就像沙漠中的一粒沙子。我曾在年少叛逆時很看不起他，認為他厚道老實、寧願吃虧是懦弱的表現，甚至因為他不夠光鮮、不夠年輕，會帶給自己窘迫和不安，非常排斥他去學校看我。

但是隨著自己逐漸長大和懂事，對他給了自己生命，在艱苦的條件下將我養大抱有深深的感恩之情。另外，對他充滿了正能量和質樸智慧也由衷認可，他逐漸成了我的主心骨[1]，催我奮進，教我自省。

記得當年，剛剛從法院辭職轉做金融行業，因為所有事都得從零學起，工作壓力很大，待遇也勉強得以餬口而已。偶爾會向父親訴苦，感覺自己在單位裡面薪水最低，卻承擔很多工作，質疑自己受到了不公平待遇。

父親聽了後，並未替我打抱不平，也沒有給我期待中的安慰。

他平靜的糾正了我的觀點，並說：「事多錢少這件事，雖然看起來像是吃

1. 可以依賴的人或事物。

虧，但這狀態意味著安全和持久。若你拿的錢多，做事卻少，這種占便宜也只能是暫時的。另外，能者多勞有利於業務能力的積累和信心樹立，多吃點苦，最後收穫最大的還是自己。」

父親的話讓我醍醐灌頂，聽得我滿身雞皮疙瘩。這席話幾乎奠定了我對於工作和人生的態度，在工作中無論有多難，都視為對自己的磨練和積累，能吃虧、有擔當，意在長久。

現在我也經常用這個觀點跟新人交流，用以消除他們的彷徨和浮躁。仔細想想，人生的逆與順或者得與失，其實都跟自身角度和高度有關。

* * *

後來，我在北京買了屬於自己的房子，裝修完畢後把父親從老家接來住了幾天，主要是讓他看看新房子，讓他高興一下。

父親背著手轉來轉去、面帶微笑，憑著他泥瓦匠的技術功底，對每處裝修進行了專業點評。臨走時他告訴我，房子不錯，比他想像的還好很多。「不過呢，錢多了也沒什麼用。」

我當時感覺父親這話很突兀，讓人無法理解。父親看我疑惑便解釋：「你現在房子的問題解決了，工作狀況也不錯。其實再賺更多錢，無非就是換個更大的房子、買更好的車而已。這些都是改善性的需求了，人要努力同時也要知足，尤其不可為了賺錢去冒什麼風險或傷害身體。」

我聽了挺有感觸，也明白他要表達的意思。

儘管他不知道什麼是邊際效用遞減，也不會準確的跟我討論如何理性面對物質欲望，但是他用很簡單的言語，向我傳遞他對生活的理解。

他非常清楚何時鼓勵我吃苦奮鬥、何時需要腳踩煞車，提醒我對物質欲望的克制。這席話也引發了我對生活終極意義的思考，在追求物質的過程中努力但不苛求。

後來，自己也娶妻生女、成為父親，更深刻體會到父親二字的寓意。

隨著他年齡逐漸大了，自己內心也對他越來越牽掛，甚至是依賴。對當年他那些不夠入流的言語，也逐漸能夠接受。

每到節日、假日時都想回去，跟他交流是件令我期待且享受的事情。他會從他的角度，給我很多關於人生的建議。

那時，父親還住在村裡，考慮到孩子年紀較小，東北農村很冷，頭幾年春節，我們都是去岳家過年。

我深知他逢年過節很想念我，但他也從來沒有半句怨言。他一如既往的厚道、大度，甚至忘我，經常叮囑我在對雙方老人的態度上，要盡力偏向岳父、岳母。

因為我是他親生的，薄厚沒關係，也改變不了血脈相連。但對老婆的娘家要多付出，事情做滿、面子給足，金錢上的事千萬別計較。也特別囑咐我，結婚後只有跟老婆一條心，心繫家庭、「背叛」老家，才能真正幸福。

這些都讓我心裡感到非常溫暖，尤其是看到為平衡雙方家庭利益引發種種矛盾的小家庭、為了過年究竟應該去誰家爭吵的夫妻，我心中總是充滿了欣慰，同時對父親的寬厚充滿了敬意。

後來我賺了點錢，幫姊姊和父親在鎮上買房子，他們也結束了農村生活。父親住在姊姊樓下，有她照顧，我負責給點生活費，生活得平靜幸福，幾乎從來不給我找麻煩，偶爾父親會到樓上，問姊姊關於我的消息，出差去了哪裡、還有去演講嗎等。

後來有了網路和智慧型手機，父親偶爾會要求打視訊電話看看孫女，過程中高興得哈哈大笑，甚至手舞足蹈、像個孩子。

這就是我父親，他的愛無處不在，生活中點點滴滴的紀錄可能疏於文采，也可能天下的父愛都相差不多，本能的流露無須刻意描繪。

他的眼神意味著故鄉的一切，意味著無論你走遍天涯仍擺脫不了的牽掛；他教我時刻心懷感激，對真誠善意持有信仰。

他用生命沉澱的質樸經驗，為我的人生旅途點上燈盞，用他的微笑和愛給我動力，歲月讓他腰身不再挺拔，但在我心中他永遠不失偉岸。

04 我的姊姊，最懂得過日子

我的姊姊比我大兩歲，從小就非常自立，也繼承了母親堅強的性格。記憶裡，母親身體多病，經常臥床，所以姊姊從小就非常懂事，大約七、八歲時就能站在小板凳上為全家人做飯了。

母親去世時，姊姊也才剛滿十歲，那時父親每天忙於生計、早出晚歸，家務都落在了年幼的她身上。

現在想來，十歲應該是在父母懷裡撒嬌的年紀，而姊姊卻已經肩負起照顧全家的角色了。

簡單的煮飯、洗衣、打掃她早已可以輕鬆應對，後來還學會用針線替我們姊弟倆做棉衣，很難想像十幾歲的孩子，是怎麼將布和棉花用針線縫起來的。

當然，姊姊做的棉衣勉強可以保暖，但品質不好。我記得經常會有褲襠、腋下開線露出棉花的場景，為此我還經常被同學取笑。

而那時自己確實還小，無法理解姊姊的艱辛，還總因此埋怨姊姊做得不好。長大後回想起來，確實也心存愧疚。

因為從小失去母親，所以姊姊對我非常疼愛，某種程度上也代替了母親的角色。姊姊雖然個子不高、待人和善，但在充當我的保護者時，卻非常的彪悍。

小時候被村裡的大孩子欺負，我姊曾經手持鐵鍬，在對方耳後留下長長的傷疤，令周圍的那些調皮的孩子們聞風喪膽。

其實，現在我姊的性格也還是那樣，辦事爽快、說話急，不向惡勢力低頭，也不受欺負，用她自己的話說，她專治各種無賴潑婦滾刀肉。

她也從來不欺負弱小，我總感覺她身上有種俠義氣派，在她所處的環境中也確實備受認可與尊重。當然，這也是從小生活在失去母親的家庭中的必備能力。

母親走後的日子艱辛得難以想像，雖然姊姊能夠做些家務，但是畢竟年紀小還要上學，在那幾年裡，我們姊弟倆沒辦法像其他小孩那樣正常吃午飯，只能在學校附近的商店買點麵包應付。

這樣的生活堅持到小學畢業，姊姊義無反顧的輟學了。多年來，姊姊堅持說她當時厭學，但我更相信這是她已經懂事後的無奈。姊姊不再上學後，家裡狀況好很多，我們兩個開始過著有午飯的生活，生活逐漸走向正軌。

*　　*　　*

我上國中以後，姊姊就開始以家長的身分出席家長會。因為她也基本上跟我同學算同齡人，所以每次她的出現都會令其他家長感到訝異。

當然，在了解詳細情況後，大家都對姊姊有著無比的敬意。我在就學階段也算是小鎮學霸，每次開家長會時，姊姊臉上都充滿了自豪和滿足。考大學時，姊姊也在考場外為我加油，她在眾多家長中略微有些顯眼，因為她是我的姊姊，還有家長特地過來問候、遞水等。她臉上有著與年齡不符的殫精竭慮的表情。

後來，我在眾望所歸中考上了大學，而姊姊也到了論及婚嫁的年齡。她經人介紹認識了我姊夫，姊夫老家在偏僻山區，條件也不太好。

那時農村結婚也開始講究氣派，村裡的同齡姑娘都在比誰的嫁妝多、誰接親的汽車比較高級等，但是姊姊的婚禮是簡單而平靜的，就是一輛普通的汽車接走了姊姊。我姊的婚禮沒有什麼排場，也沒有什麼嫁妝和彩禮，他們結婚後甚至連住房都沒有。

後來，我姑姑看姊姊可憐，就把自己家車庫旁邊的儲物間收拾乾淨借給她。那房間非常狹小且採光不好，但不影響姊姊把它收拾得井井有條。

我姊把自己賴以謀生的縫紉機搬了進去，還是沒日沒夜的拚命做事，希望透過自己的努力，改變生活狀況。那時候生活雖然不富裕，但姊姊臉上從來沒有缺少過微笑。

後來，我外甥出生了，三口之家也和樂融融。而我也大學畢業，開始在法院工作，大家都努力奔向美好的未來。

姊姊確實是過日子的一把好手，我感覺勤勞節儉這些美德在她身上都具備，她和姊夫結婚幾年後存了點錢，在村子買了空地，蓋了四間大瓦房。

我確實挺佩服姊姊張羅的能力，她還背著孩子東奔西跑，買磚、買瓦、買砂石，聯繫瓦匠、木匠和力工等。幾個月後，新房子竣工，在當時村裡絕對是寬敞亮麗的頂級豪宅，花費了將近十萬元。

可能多數人不能準確理解在二〇〇一年的東北農村，十萬元是個什麼概念，這可能是普通農民半輩子的積蓄，但是靠著姊姊的辛勞和節儉，在短短幾年內就實現了。

房子徹底竣工後，姊姊坐在大門口望著房子若有所思，被晒黑的臉上甚至有了斑，手上也布滿了繭。她嘴角微微上揚，眼裡卻含著淚水，或許，只有她自己知道曾經的艱辛，當然心裡還有欣慰。

那年，姊姊也才剛滿二十六歲。

05 知識改變命運，勤勞改變生活

姊姊的房子雖然蓋好了，但也花費她那幾年所有的積蓄，而且還欠了些錢。我記得，因為錢不太夠，所以沒有什麼裝修和家具，甚至連院牆也沒有修建，但姊姊還是非常滿足。房子裡外收拾得窗明几淨的，院子裡種了各種蔬菜瓜果，應有盡有，嶄新的東北農家院就這樣誕生了。

自從有了新房子後，我感覺她的氣質也發生了很大變化。她雖身材不高，但腰板挺拔，成了鄉親們交口稱讚的優秀年輕村民代表。用他們的話講：「老勞家小豔子人家那過日子的派頭，杠杠地！」

我感覺，蓋房子是我姊人生的分水嶺，也讓她更能體會努力改變生活的甜頭，無論是客觀條件的改善，還是外界的評價。怎麼說呢？無論是在鄉村還是城市，房子都會給人底氣！

日子雖有所起色，但姊姊仍繼續辛勤工作，每天晚上縫紉機都用到挺晚。姊夫也在鎮上的工廠工作，從簡單的體力活到擔任負責人。

他們逐漸擺脫了生活的困境，不到兩年就還清了債務，又存錢修建了院牆和水井，家裡也開始添置些簡單的家電，包括冰箱、洗衣機和電話等。雖然不算村裡的富豪，但基本上也算得上中等偏上人家了。

同時期，我從法院辭職進入到金融行業，每天東奔西跑，也開闊了眼界。當然收入也逐漸提高。二〇〇四年，我在北京貸款買了房子，簡單裝修後，邀請姊姊帶著外甥過來玩。

那是她第一次來北京，我帶著她和外甥遊遍了北京的景點，拍了不少照片，當然也少不了各種大吃大喝。姊姊有點劉姥姥進大觀園的感覺，既新奇又有點拘謹。她對我感慨說：「從來沒想到能來北京玩，而且住在弟弟自己買的房子裡，這所有的場景真的猶如夢境般。」

我能感覺到她的高興，其實瞬間我也感覺些酸楚。有些人出生時就具備的條件，我們卻得背負艱辛走好遠才能趕上。不過，我們也還算幸運，知識改變了我的命運，勤勞也改變了她的生活。我們在北京的月下輕鬆暢談，不再是那對不知道午飯在哪裡的小姊弟，上天也算對我們倆不薄。

＊　＊　＊

時光荏苒，轉眼到了二〇〇八年，姊姊懷了第二胎。她有點小幸福，說想要個女兒，去做超音波檢查後發現又是男孩，回家哭得一把鼻涕一把眼淚。

或許只有在農村裡，才能體會家裡養兩個男孩意味著什麼，那是未來非常沉重的負擔。周圍親戚都勸她放棄，這麼多年好不容易才翻身，不能好了傷疤卻忘了疼。我姊雖然有些不捨，但還是做好了去醫院做流產手術的準備。

我打電話勸她，孩子來了都是緣分，無論男女都是自己的孩子，別人看到的是負擔，但我看到的是未來的希望。她又糾結了幾天，最後還是聽了我的意見。

「唉，沒發揮好，又生了個兒子……。」姊姊在產房裡抱著小兒子調侃道。

我給二外甥取名叫做夢齊，意思是這次人都齊了。這孩子非常爭氣，可以用品學兼優形容，現在也是鄰居眼裡的「別人家孩子」。

我姊作為老母親，總是用沉醉痴迷的眼神，充滿愛意的望著自己兩個人高馬大的孩子，不再想什麼負擔重的事了。總是感嘆當年差點一時衝動，還是需要用更長遠的眼光看待問題……。

姊姊的幸福人生還在高歌猛進，前幾年我在鎮上全款買了樓房，她與我父親便住在樓上、樓下，方便照顧。

從生活條件上，姊姊已經轉變成了「城裡人」。另外，從她四十歲起，我每年給她和姊夫足額繳納社保，若干年後，他倆也是有退休金的人了，解決了姊姊的後顧之憂。

兩年前，我還把淘汰的二手車整理好後送給她，還出錢幫她辦了加油卡。現在怎麼形容呢？我姊去種地、上墳、挖野菜，都開著車去，那真的是非常拉風。

幸福需掩飾，苦難好煽情。經歷艱辛的姊姊依然平靜堅韌，沒有對過往的太多抱怨，也沒有苦盡甘來的用力過猛，無論曾經的苦與樂，都是生活給予的饋贈。而這些，她也值得擁有！

06 親戚分兩種

大姨，是東北話的親屬稱呼，就是母親的姊姊。不過我這個大姨稍有不同，她姓趙，而我母親姓王，她跟母親是同母異父的姊妹，比母親年長十五歲，現在已經年近九旬。

大姨住在城裡，我們是她的農村親戚。

那個時候，母親身體不好，家裡條件真的很差，大姨其實自己也不富裕，但是非常照顧我們，時刻掛念我們的生活。

每次來我家都會帶來一些好東西，比如大米、白麵或者罐頭，有時候還會帶襪子或衣服。在那個物質匱乏的年代，那一切簡直美妙得無與倫比，好多小孩都羨慕我們有好東西吃，我和姊姊也因為有大姨而感到很自豪。

據說，有一年冬天，外面的雪下得很厚。大姨突然來了，下火車、走了幾公里，渾身都是雪，褲子和鞋子都溼透了，身上還背著幾個白鐵皮爐筒。

大姨說：「早就想把爐筒拿過來了，但是最近比較忙，就一直沒來。誰知道剛入冬，這雪下得這麼急，怕天冷、生不了爐火會凍壞孩子們，所以立刻趕了過來，還好火車還通。」這件事情過去很多年了，那時候我和姊姊還小、不記得，但是父親提起過多次，也告訴我和姊姊要記住大姨的好。

母親一直有病痛纏身，於一九八六年初離開了這個世界，有點突然，走的那年才三十五歲。

母親的遺體在醫院太平間放著，就後事的處理，親戚們有不同的意見。有的親戚堅持按照老規矩，遺體先運回家停放三天；也有親戚考慮到我和姊姊年紀小，建議直接火化。後來爭執不下，大家只好等大姨到場後確定。

據說大姨到了以後，雖然悲傷但還是平靜的說：「既然妹妹走了，還是顧活的吧！孩子那麼小，遺體運回家裡，進出時一定會害怕，直接火化吧。」

母親走後，我們的日子過得更加艱難，父親忙於生計，姊姊年齡也不大，生活基本上一塌糊塗，勉強維繫。而大姨對我們的照顧依舊，在很長的時間裡，每到寒暑假大姨就會過來接我們去城裡住。

＊　＊　＊

小時候關於城市的記憶，就是關於大姨家的一切。有電視、有地板，也有能沖水的洗手間等。現在回想起來，大姨家條件也不是很好，表哥、表姊一共五個孩子就住在不到四十平方公尺（約十二坪）的房子裡，因為居住條件不好，在屋頂搭了吊鋪，我們就住在那上面。

每次去大姨家，她都會先幫我們理髮、洗澡、除蝨子，再買新衣服給我們。每次從大姨那兒回家，我們都會被養得白白胖胖的，儼然從農村土娃子，階段性的變成了城裡小孩。

就這樣，我和姊姊逐漸都長大了，大姨卻逐漸變老了。

在我心中，總覺得這輩子都無法報答她對我們的呵護和照顧，而我能做到的就是每次回老家都過去看她。每次見到她，她都非常高興，但就是給點錢時特別費力，相互推辭，跟打架似的。

我深有體會，在最困難的時候，周圍的親戚基本上就劃分為兩種，一種是躲避你，害怕你會為他帶來麻煩；另一種是走近你、照顧你，希望能幫助你走出困境。但有天你長大了，這兩種人又會呈現出完全相反的態度。

那些曾經遠離的人又回來了，噓寒問暖，總是有意無意的提到小時候對你有多好、囑咐你不能忘本等；而那些曾經照顧你的人，倒是由熱情轉向了矜持，怕走近你會為你帶來麻煩，好像只要聽到你很好的消息就很滿足。

大姨就是後者，給我最溫暖的親情。

親情之所以值得珍惜，很多時候並非完全因為血脈相連，更多是源於呵護與愛，就像黑暗中的燈火，照亮童年，溫暖一生。

當我長大一切安好，她依舊在我身後，微笑關注，默默看我前行。

07 烤雞帶給我的好處

我從小生活在海城農村，兒時對於美食的想像比較局限，而剛出鍋的烤雞就是我當時的終極夢想。李雪琴[2]說她回鐵嶺的理由是鍋包肉、燻雞架、鐵鍋燉大鵝，而我最佳的選擇，是烤雞。每次回老家，都會去買幾隻剛出爐、熱騰騰的烤雞，經常在路上就消滅半隻，把手弄得油膩膩的。

我在微信有個吃貨群組，定期在群裡交換美食，像是老媽自製粽子、新疆小白杏，還有安徽的大石榴等。而我這能夠滿足大家味蕾的，就是道地的海城烤雞，剛出鍋加冰塊用順豐快遞，快遞費比烤雞價格還高，就為了這個鮮香味道。而且每次都烤好幾隻，相當豪邁。

2. 本名李雪陽，遼寧省鐵嶺市人，中國網路紅人、脫口秀演員。

我的口號就是：「跟著阿毛哥混，享不盡的榮華富貴。」

後來因為好評不斷，我也陸續送給與自己比較親近的客戶。為什麼只送比較親近的呢？主要是這東西看起來等級不夠。說直白點，略顯得有點俗氣。後來有客戶糾正我，只要東西好吃，總比中秋月餅高級多了。

想想也是，可能烤雞給客戶的體驗感與我自身的氣質比較契合，管他呢。

但問題來了，有些客戶吃了以後還想要。

我說：「沒問題，就憑我的身家，烤雞可以免費無限量供應。所謂就是，投行與客戶團結緊緊的，吃幾隻烤雞能怎樣？家大業大的，沒事可勁造（不加限制的吃和用），別的沒有，雞咱還能缺嗎？」

但是客戶說：「不是錢的問題。之前網路上買過真空包裝的，味道差很多。你把銷售方式給我，否則就算了。因為客戶不太好意思，所以想吃這口的願望，可能就此泡湯了……。」

講到這裡，外甥就該閃亮登場了。

外甥是姊姊的大兒子，性格有點偏內向、學習成績普通。當初中考[3]失利後，被安排去讀私立高中改學美術，最後在高考[4]中發揮尚可，總算考上了，也算是給我姊一個意外驚喜。他放假時賦閒在家，整天玩遊戲、無所事事。

一切都順理成章，在我的幫助下，外甥變成了網路上的烤雞代理。小夥子還挺積極的，跟廠商溝通、看貨，只要不懂就會問我。作為舅舅，憑藉著多年馳騁商場和做併購積累的豐富經驗，指導他如何與人溝通與商談，效果明顯。

在此之前，外甥是小孩、我是大人，而且在他的心中，我似乎既親近又陌生，甚至每次見到我，他都帶著些內向小孩的拘束。現在因為對話多了，感覺他放鬆許多，甚至有時候也會有調侃和自嘲。

因為我在自媒體有做宣傳，實現了我朋友圈和微博關注者的導流，也改變了外甥朋友圈的人群構成，他瞬間有種打開新世界的感覺。

3. 中國對高級中等教育學校（普通高中、職業高中和中等職業學校）的招生考試，及初級中等學校義務教育畢業學業水平考試的統稱。

4. 中國對普通高等學校（大學、獨立學院和高等職業學校）的招生考試。

「舅舅，你認識的這些人都好有趣，說話也都很有水準。有些人明顯素質非常的高……。」這是外甥最常有的感慨。

我覺得這件事挺好的。

說得偉大一點，能為宣揚家鄉特產貢獻綿薄之力，估計烤雞企業老闆到現在都不知道，有我這樣的義務品牌宣傳員在不遺餘力的做免費推銷。另外，能夠與朋友、客戶分享美食，讓人身心愉悅。

最重要的是，能讓外甥有機會與我的朋友圈產生交集，接觸到外面不同的人與世界，透過交流提高眼界。

當然，外甥也因此賺了點小錢。他跟我說，他微信錢包裡面已經有上萬元了，言語間有很大的自我認同與滿足。

要知道，對於二十多歲的年輕人而言，錢帶來的自信提升效果太好了，尤其這筆錢還是自己賺來的。開學後，說不定他就是走廊上最豪橫的人。

二利烤雞，烤雞中的戰鬥雞。

08 我的高中導師，老鄭

每逢教師節，我都會想起老鄭。他是我的高中班導師，畢業於北京大學東語系，是季羨林[5]的學生。多年來，每次提起他，內心都會有種溫暖而心酸的感覺。在教導我們高中三年後，他罹患了腦出血，並在我們考完高考後不久去世，享年五十多歲，結束了坎坷的一生。

我還記得高一新生入學時，鄭老師——同學們背後都叫他老鄭——的模樣。他個子瘦小，身高不到一百六十公分，戴著黑框近視眼鏡，鏡片的下方有幾個圈圈，看起來像個瓶底。他最顯著的是那招牌微笑，嘴巴瞬間變成了方形，給人一種親切感。

5. 季羨林是中國語言學家、文學翻譯家，梵語、巴利語、吐火羅語的專家。北京大學東方語言文化系（東語系）便是季羨林於一九四六年創立。

剛進入高中時正值中秋節，老鄭擔心住校的同學會想家，於是他在黑板上寫了首詞，我還記得是蘇軾的〈水調歌頭〉[6]。他還帶了月餅和南果梨分給大家。多年來，每逢中秋節，我總會想起這一幕。

老鄭的語文教學水準很高，聽他上課讓人感到很「解渴」。他才華橫溢、引經據典，而且非常幽默。關於教學水準，我就不多說了，想想他作為北大畢業的才子，怎麼可能有差錯呢？後來在學校待了一段時間後，我聽聞一些關於他的八卦故事，也對他的過去有些了解。

老鄭出生在東北海城的一個農村家庭，家裡有七個兄弟姊妹，他排行老大。他的學習成績非常出色，據說當時他就讀普通高中，在升學率不到二〇％的狀況下，考入了北京大學。

老鄭進入北大後開始嶄露頭角，從一個木訥的農村孩子成為學校裡的學生領袖。我看到他在講臺上慷慨激昂的講課，也能想像他當年在北大演講時的風采。

在那個特殊的時代背景下，老鄭最終沒有真正畢業。我最初看到老鄭的簡歷，說他在一九六六年至一九六九年在北京大學東語系學習。一開始有些疑惑，以為他勤奮向學而提前畢業了，但後來才知道真相。

老鄭結束了北大的學生生活後，由於他經歷不同，據說他的同學都被分配到駐外使館，而老鄭只能獨自流落到錦州的一所普通高中任教。

後來又發生了一些事情。關於這些事，我了解的不多，似乎老鄭個人不願提及，但我更願意把它看作老鄭曲折人生中的一部分。因為和女同學發生男女關係，再加上一些別的事情，老鄭因此捲入官司，被判入獄數年。

後來，老鄭回到了家鄉海城，儘管他滿腹才華，也沒有找到正式工作。結果，他不知怎麼成了一所高中圖書館的管理員，負責管理圖書同時兼任保潔員。

在一次高中教職員工演講會上，老鄭以圖書館管理員的身分參加演講，並表現出色。校長注意到了他，我想當時校長的感覺可能是原以為的泥鰍，竟是條真龍。我非常欽佩那位校長，因為他給老鄭提供了再次走向鍾愛的講臺的機會。

老鄭不僅教課教得很好，還善於管理班級。

6. 此詞是中秋望月懷人之作，蘇軾用以表達了對弟弟蘇轍的無限懷念。

據說有一個班級非常混亂，有六個人因蹺課和打架而受到處分，沒有人願意擔任班導師。老鄭接受了這個艱鉅的任務，不到兩年內，他整頓了班級，使之從年級倒數第一名，一直進步到最後的高考全年級第一名。

我記得，當時重點高中的升學率大約是七〇％左右，而老鄭的班上只有一個人沒有考上大學，後來這個人被空軍招為飛行員，相當於升學率一〇〇％。

老鄭一瞬間聲名遠揚，也被評為高級教師，在學校裡相當受人尊敬，家長和學生都以能在他任教的班級裡感到自豪。

* * *

老鄭也很會開導學生。記得我們班有早戀苗頭時，他並未予以打壓，而是講了他的故事，這個故事我現在還記得。

據說老鄭高中時特別喜歡文學，總寫些詩歌，有個女同學很欣賞他，就借了老鄭用來寫詩的日記本，並於歸還時在日記本的首頁上畫了兩隻鴛鴦。

後來被別的同學發現，就告訴了老師，老師差點就把這件事寫進升學評鑑裡。據老鄭講，當年的老師確實是很有可能寫進去的，那就意味著他的大學之路徹底斷送。

後來不知道老師怎麼發了慈悲，饒了他。老鄭說他自己也極力替自己辯解，一方面是這件事情和自己沒有關係，別人喜歡自己又不是自己的錯；另一方面，他根本就不認識鴛鴦，一直以為是兩隻鴨子，著實有些委屈。

後來老鄭就讀北大期間，和這個女孩一直保持著聯絡。女孩高考落榜後，回到鄉裡的中學當老師。一切都變得那麼遙遠，一個是最高學府裡意氣風發的才俊、一個是鄉村中學的普通女教師。

我描述的遙遠，老鄭當時也意識到了，認為其實一切只能是回憶，沒有太多的現實可能性。老鄭就這樣平和的講述高中戀愛故事，說後來高中同學再次聚會時，他聽到了消息，那個女孩在二十八歲時罹患癌症去世了。

講到這裡，老鄭眼裡充滿凝重與悲傷，眼神也突然黯淡下來，全班也跟著陷入一片沉寂。

老鄭的愛人，也就是我的師母，是個平凡的學校行政人員，在一所中學裡擔任財務。從世俗角度判斷，我覺得他們婚姻是無奈的，我也知道他們的感情不太好，經常聽說兩人因有矛盾而吵架。反正我就是感慨，老天從來不吝給予老鄭諸多坎坷和不幸，包括當年求學經歷、愛情和婚姻。

老鄭教導我們知識、做人的道理，也用他的幽默來逗我們發笑。他給了我們三年充實的生活，但是他自己卻沒有得到什麼。一生確實坎坷，但是老鄭很堅強，一直都笑容滿面，提及自己的坎坷經歷總是自嘲，異常樂觀和幽默。

在高考填志願時，有同學填了北京大學，同學不經意的說：「要是能考上北大一定有很好的前途，估計是不會再回家鄉了。」

老鄭便開玩笑的補充：「是的，不犯嚴重錯誤，前途會是很不錯的。」然後在我們有些尷尬、面面相覷的面孔前哈哈大笑。

高考結束，正在等待成績公布時，我們突然得知，老鄭因腦出血而住院了。再見到他，是在放榜那天，老鄭在師母的攙扶下來到學校。因為中風，他的腿腳已經在畫圈了，面部肌肉也很僵硬，但是依舊向大家點頭微笑。

看到我們的高考成績還不錯，全年級前五名在我們班裡占了三個，老鄭對我說：「雖然比模擬考時略低，但還是發揮了基本水準，應該問題不大，回家告訴你父親，把上大學的錢準備好吧。」

老鄭眼裡滿是喜悅，小嘴依舊笑成了方形。誰又能從眼神中看出，他是一個剛從鬼門關前被拉回來的人呢？我含著淚水，強忍著走出了學校的教學大樓，在後面的牆下倍感悲傷。

二〇〇一年十二月三十日，在我們高中畢業後的第六個年頭，歷經幾年與病魔的鬥爭，老鄭走了。帶著一生的坎坷，以及一生的樂觀，還有留給我們寬容的生活態度。

不想再過多描述。老鄭是個不錯的人，願他在塵世的一切劫難都不再有，在另外的世界中安寧！

09 老鄉的偶遇

看到快手[7]上有人加我，仔細看頭像認出來，是老家村裡的F哥。

F哥姓聶，是個天生的聾啞人，年齡比我大兩歲，因為不會說話，小時候很少有人跟他玩。在村裡有個說法是聾啞人都比較不明事理，所以很多同齡的小孩都有點懼怕他，再加上不會說話、不好溝通，玩耍也沒什麼樂趣。小孩在背地裡也常取笑他，肆無忌憚的叫他小啞巴，言語毫不留情，直戳痛處。

其實他人很善良，也很聰明，除了聽不見、說不出以外，其他都還算正常。他的母親也是聾啞人，但是非常勤快和愛乾淨，雖然F哥也穿著打補丁的衣服，但是總是乾乾淨淨的，甚至洗得發白，常常能聞到他身上的肥皂香味。

我猜想，可能因為身體有缺陷，所以某種程度也造就了他好強的性格。

F哥家離我家不遠，我們偶爾會一起玩，其實我們玩的遊戲他幾乎都會玩，有些還非常擅長。我那時很納悶，作為聾啞人，他如何理解遊戲規則？因為有些細節靠語言溝通都要花些心思，他居然靠心領神會就能掌握，令我由衷佩服。

讀書時他和我同一班，但是畢竟這不是聾啞學校，他沒辦法適應，好像讀不到兩年就不上了。當然也沒錢到外地上聾啞學校，所以他不會手語也不識字，幾乎是個完全的文盲。

我認為，如果能學會手語和認字，那麼聾啞人可能心智就會跟正常人差不多。在我高中時回家見到他，他還比畫說他曾經看到有人使用手語，但在旁邊觀摩很久也看不懂，他還做了要哭泣的傷心狀。

雖然他轉眼就露出了笑容，但我內心卻有點酸楚。

其實他和我們一樣，也喜歡時尚的東西，在穿著打扮上也有著新時代小夥的那種簡易時髦。

我記得他還曾經自學霹靂舞，儘管聽不到音樂，但估計心裡有節拍器，還是

7. 中國北京快手科技有限公司開發的短影音行動應用程式，其主要競爭對手是抖音。

跳得有模有樣的。上帝關了一扇門，必會為你打開一扇窗，就是指這種情形。

F哥很勤快，工作做事不比正常人差，能賺錢的事都願意嘗試，總體生活狀況其實還行。後來經人介紹，和一個同樣聾啞的姑娘結婚了，客觀而言，她還長得挺漂亮。從此夫唱婦隨，雖然相望無語，但也有著出奇的默契。

兩人還生了個兒子，可喜的是正常人，我看快手裡面發的影片，現在也是個人高馬大的小夥子了。

F哥用快手加我，也令我感覺到意外，畢竟他不會打字也聽不到聲音，我傳訊息給他，他也只會發表情符號給我。我打字問他現在識不識字，等了半天有文字回覆：「我爸不會打字，我是他兒子，他說見到你很高興。」

我後來開了直播，看到他進了直播間，我拿起筆在白紙上寫了他的名字向他展示，他回我好多個笑臉表情。

那一串串表情，跟我記憶中與他玩耍時他的模樣差不多。默默無語，但十分燦爛！

10 我與小狗

小時候，鄰居家有隻小黑狗，脖子上掛了鈴鐺，每次出去玩都帶著，特別威風。附近其他孩子都羨慕的不得了，每次都爭先恐後的撫摸小狗。

那時，我也非常希望家裡能夠養一隻狗，於是我就回去跟家人商量，但爸媽態度非常堅決的說：「養人都費勁，還養什麼狗啊？」

我不甘心，所以總是苦苦央求，後來家裡態度似乎有了動搖。爸媽說可以養狗，但是有條件，只要我考試能考第一名就同意。

我猜這可能是我爸媽被我求得不耐煩了，才找的推託之辭。然後，我期中考試得了第一，興高采烈的回家告訴爸媽，那種心情不亞於考上了北大、清華。

大人們相互使眼色說：「期中考試不算，期末才可以，你搞錯了。」

我非常失落啊！倒也不是說考試有多難，重點是還得等好幾個月。那種心情從亢奮到冰冷的過程，讓人欲哭無淚。於是我天天盼著期末考，最後果然又考了第一名，家人似乎沒辦法再推託了，我感覺我的夢想要實現了。

但爸媽說：「要到哪裡找小狗啊？沒聽說誰家的狗生了小狗啊！我們不知道，你自己想辦法吧！」這讓我有點無助，於是逢人就打聽誰家的狗要生小狗，或是有沒有不要的小狗。

最後皇天不負苦心人，我班上同學說他們家有一隻狗可以送我，但是他說那隻狗不怎麼好，不只比較難看，好像還只有一隻眼睛、總是生病。他父母說應該活不久，常說要把小狗扔了。

我眼前一亮說：「送給我吧！」於是在某個冬天的黃昏，我與這隻小狗見面了。狗不大，見到我渾身發抖，眼睛睜一隻閉一隻，看起來可憐兮兮的樣子。我用一個蛇皮袋子包住，就把牠抱回家了，當天晚上興奮得睡不著覺。

家裡覺得有點突然，也數落我，說我怎麼帶了一隻生病的狗回來，肯定養不活。小狗確實體弱，吃東西很吃力。尤其冬天比較冷，牠喜歡鑽灶坑，好幾次不小心著火了都不知道，還燒到身上的毛，越看越覺得可憐……。

我幫小狗取了好幾個名字，換來換去都不是很滿意。有叫過賽虎，與當時電影裡的警犬同名；也叫過壯壯，希望牠能強壯。

我帶著我家小狗出去玩，確實跟鄰居的小黑狗差很多，但不論如何，從小狗的眼神中，還是能看出來牠對我的期待與依戀。我內心還有個願望，就是也想買個鈴鐺給小狗，但家裡不同意。

於是，我自己用罐頭的鐵片幫牠自製鈴鐺，但花了好大力氣效果也不好，整串鐵皮掛脖子上發出嘩啦的聲音，跟鄰居的鈴鐺聲差很多。

但小狗還是帶給我許多快樂。我們一起去探險，探索著田野和山林。小狗對農田和果園充滿好奇，牠總是興致勃勃的在農地裡跑來跑去，時而歡快蹦跳的追逐蝴蝶，時而伏在草地上專注觀察一隻小蟲子。

我陪伴著牠，享受著大自然的美麗和寧靜。

我記得，後來我寒假時去城裡大姨家，還因為想念小狗而提早回來。到家門口時小狗飛奔過來對我又舔又蹭，簡直是無與倫比的歡樂時刻。

不過，後來小狗確實沒長大，快到春暖花開時，某天放學發現牠不停吐白沫，走路不穩，好像是吃到什麼中毒了。爸爸說灌肥皂水可能有幫助，結果把家裡洗衣粉都用光了也沒用，牠最終還是閉上了眼睛。

我傷心至極，但也沒什麼辦法，無助、無奈中，我爸說要我去田裡把小狗埋了。我拎著牠、拿著鍬來到村口，一路走得有點恍惚。挖洞時內心充滿悲傷，於是，把牠放到了一口廢舊的缸裡，帶著不捨離開了。

不願埋是因為以後還想看見牠。後來幾年，每次我經過那個地方，我都會去看看那個舊缸，看到牠靜靜的躺在那裡，一開始還能看出形狀，後來就剩下個皮囊，再後來只能看到一堆骨頭……。

一條不完美的小生命，也曾闖入我的生活，最終也是階段性的緣分。

牠沒有得到太多關愛和重視，甚至沒有個像樣的鈴鐺，但在我記憶裡卻留下諸多溫暖的瞬間，那帶著期待的眼神，數次在夢中重現……。

國家圖書館出版品預行編目（CIP）資料

假裝有趣：做個複雜世界的明白人。多一分人情，留一寸餘地。／勞阿毛（勞志明）著；
-- 初版 . -- 臺北市：大是文化有限公司，2024.11
272 面；14.8x21 公分 . --（Think；285）

ISBN 978-626-7539-31-6（平裝）

1. CST：人生哲學

191.9 113013001

Think 285

假裝有趣

做個複雜世界的明白人。多一分人情，留一寸餘地。

作　　者／勞阿毛（勞志明）
責任編輯／楊明玉
校對編輯／林渝晴
副 主 編／蕭麗娟
副總編輯／顏惠君
總 編 輯／吳依瑋
發 行 人／徐仲秋
會　　計｜主辦會計／許鳳雪、助理／李秀娟
版 權 部｜經理／郝麗珍、主任／劉宗德
行銷業務部｜業務經理／留婉茹、行銷企劃／黃于晴、專員／馬絮盈、助理／連玉、林祐豐
行銷、業務與網路書店總監／林裕安
總 經 理／陳絜吾

出 版 者／大是文化有限公司
臺北市 100 衡陽路 7 號 8 樓
編輯部電話：（02）23757911
購書相關諮詢請洽：（02）23757911 分機 122
24 小時讀者服務傳真：（02）23756999
讀者服務 E-mail：dscsms28@gmail.com
郵政劃撥帳號：19983366　戶名：大是文化有限公司

香港發行／豐達出版發行有限公司
Rich Publishing & Distribution Ltd
香港柴灣永泰道 70 號柴灣工業城第 2 期 1805 室
Unit 1805, Ph.2, Chai Wan Ind City, 70 Wing Tai Rd, Chai Wan, Hong Kong
Tel：21726513　Fax：21724355　E-mail：cary@subseasy.com.h

封面設計／林雯瑛　內頁排版／孫永芳　印刷／緯峰印刷股份有限公司
出版日期／2024 年 11 月初版
定　　價／新臺幣 390 元（缺頁或裝訂錯誤的書，請寄回更換）
ISBN ／ 978-626-7539-31-6
電子書 ISBN ／ 9786267539286（PDF）
9786267539279（EPUB）